카피 도둑

KB191554

카피 도둑

소비자의 마음을 훔치는
100가지 카피 공략집

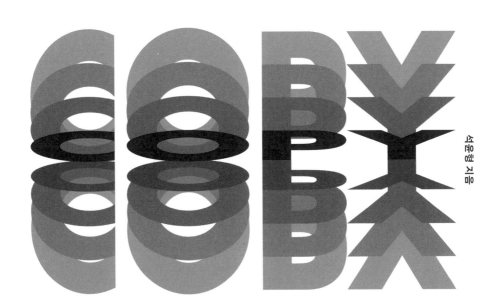

석영환 지음

다산북스

누가 맨 처음
사전을 쓸 궁리를 했을까

세상 모든 말을 담은 벽돌책을 쓰겠다는 자가 처음 나타났을 때 세상 반응은 어땠을까. 미친놈. 이 한마디였겠지. 미친놈 소리를 들은 그 미친놈의 반응은 어땠을까. 표정은 떨떠름했을지 모르지만 속으로는 덩실덩실 춤을 추지 않았을까. 됐어, 나랑 같은 꿈을 꾸는 놈은 세상에 없어. 서두를 필요도 없고 서툴다고 주눅들 이유도 없어. 이제 나는 나하고만 겨루면 돼.

엄두.

국어사전은 이 말을 이렇게 푼다. 감히 무엇을 하려는 마음을 먹음. 그래, 어제와 다른 세상을 만드는 건 요란한 과학이나 현란한 요설이 아니라 엄두다. '감히'를 사뿐히 지르밟고 앞으로 나아가는 엄두다. 내가 맨 처음 사전을 쓸 궁리를 한 미친놈 이야기를 꺼낸 이유는 그때 그 미친놈과 오늘 이 책 표지에 이름을 올린 미친놈(죄송합니다)의 엄두가 같은 DNA를 지니고 있을 거라 생각했기 때문이다.

세상 모든 카피를 다 쑤셔 넣은 미친 책. 나 같은 시중 카피라이터가 엄두 낼 수 있는 책이 아니다. 설사 엄두가 났다 해도, 그래서 그걸로 뭘 할 건데? 그것이 얼마나 가치 있는 일인데? 이런저런 질문을 던짐으로써 엄두를 주저앉혔을 것이다. 그리고 두리번거렸을 것이다. 어디 쉬운 엄두 없나.

카피라이터 석윤형의 미친 엄두는 제2, 제3의 엄두를 낳는다. 단순히 카피를 불러 모으는 것에 그치지 않고 이를 자신만의 통찰로 분류하겠다는 엄두, 좋아 보이는 카피가 왜 좋은지 증명해 보이겠다는 엄두, 그리고 이 모든 작업의 결과를 세상에 내놓고 칭찬이든 꾸중이든 듣겠다는 엄두.

그래, 나는 지금 책을 추천하지 않고 작가의 엄두를 추천하는 조금은 수상한 추천사를 쓴다. 그만큼 그의 엄두는 용감하고 신선하고 또 탁월하다. 엄두가 만든 것을 독자에게 전달하는 그의 입은 군더더기 없이 경쾌하다. 그는 책 한 권으로 의미와 재미 둘 다 붙잡았고 나의 질투까지 불러냈다. 멋지다.

자, 이제 작가가 훔친 장물을 살필 시간이다. 부디 경찰의 눈이 아니라 동료 도둑의 눈으로 살피기 바란다. 떳떳하게 훔쳐 가슴에 보관하기 바란다. 훔친 물건을 다시 훔치는 건 죄가 되지 않는다.

카피라이터 정철

커피를 훔치고 싶은 당신에게

'따로 또 같이' 이 다섯 글자를 보고 이 표현이 왜 좋은지 이유를 설명할 수 있다면 이 책을 사지 않으셔도 좋습니다.

'따로' '또 같이'라는 정반대의 표현이 만나 역설적인 재미를 준다고 말할 수 있다면 카피 맛 좀 보신 분입니다. 하지만 이 표현에서 'ㅏ, ㅗ' 'ㅗ, ㅏ' 모음이 서로 대칭되어 구조의 안정감과 리듬감이 느껴진다고 설명할 수 있는 사람은 별로 없습니다. 이와 유사한 기법이 쓰인 문장으로 '깨끗함의 끝은, 끝이 없는 케어'를 떠올리는 사람은 훨씬 더 없을 것입니다. 만약 혹시라도 계신다면, 정말로 이 책을 사지 않으셔도 좋습니다.

저는 카피를 훔치는 가장 완벽한 방법을 오랫동안 고민해 왔습니다. 거장의 어깨를 딛고 올라가 그 너머를 보려는 노력 말입니다. 선인들의 성취를 훔쳐

제 것으로 만들고 저만의 길을 새로 내겠다는 꿈을 꾸면서 카피를 모으고 기법을 분류하기 시작했습니다. 카피를 분류해야 카피가 왜 좋은지 알 수 있고, 카피가 왜 좋은지 알아야 단순히 모방하는 것에서 더 나아가 훔칠 수 있고, 카피를 완벽하게 훔쳐 내 것으로 만들고 나서야 나만의 새로운 길을 개척할 수 있겠다고 생각했습니다. 그래서 『카피 도둑』의 시작에는 배움과 성장에 대한 갈망이 깃들어 있습니다.

닥치는 대로 카피를 모은 이유

나비효과의 첫 날갯짓은 대학 시절 시작됐습니다. 사람들은 그토록 어려워하는 진로 탐색이 저에게는 꽤 쉬웠습니다. 저는 제가 좋아하는 것을 다른 사람이 좋아하게 만드는 걸 좋아했습니다. 그래서 대학에서 배운 마케팅과 브랜딩에, 정확히는 광고에 곧바로 뛰어들 수 있었습니다. 브랜드의 문제를 크리에이티브로 해결하는 사람이 되고 싶었습니다. 아이디어를 내는 과정이 재밌었거든요. '그때'는 그게 쉽게 느껴지기도 했고요.

광고 아이디어를 내는 사람이 되려면 제작팀에 들어가야 했습니다. 광고 회사의 제작팀은 카피라이터와 아트 디렉터로 구성되어 있는데, 미대를 나오지 않은 저는 카피라이터를 해야만 했고요. 그때까지 글쓰기와는 거리가 멀었지만 우여곡절을 겪은 끝에 결국 카피라이터가 되었습니다.

하지만 제대로 된 글을 써본 경험이 없었던 저는 카피라이터로서는 그야말로 풋내기 중의 풋내기였습니다. 제 카피를 본 팀장님이 깊은 걱정의 한숨을 내쉬며 마른세수하는 것을 보고 정신이 번쩍 든 건 오히려 행운이었죠. 그제야 카피라이팅을 '공부'하자고 마음먹게 됐으니까요.

이후 몇 년간은 좋은 평을 받는 카피를 닥치는 대로 모았습니다. 같이 일하는 선후배 동료들의 카피부터 지인의 SNS 멘션까지 좋아 보인다면 이유를 몰라도 일단 저장했습니다. 텔레비전, 인터넷, 길거리 어디든 남들이 좋다고 하거나 제가 보기에 왠지 좋으면 그 카피들은 예외 없이 저의 보석함에 쌓였습니다.

그렇지만 이 카피가 당최 왜 좋은지 이유를 명확히 알기 어려웠습니다. 그렇게 좋다는 카피에 대한 세간의 평은 주로 이랬죠. "탠저블해" "말랑말랑해" "입에 잘 붙어" "귀에 걸려" "말맛이 좋아" "절묘해" "딱 붙네" "날이 서 있어" "엣지 있네" "그림이 그려져" "섹시하네" 등등. 저 같은 애송이는 좋은 표현의 참뜻을 직관적으로 알기 어려웠습니다. 그래서 하나하나 분석하기 시작했습니다. 카피를 잘 쓰고 싶었으니까요.

우선 모아놓았던 카피들을 강조나 비유, 반복, 역설 등 글쓰기 기법에 따라 분류하고 구성 요소를 분석했습니다. 그랬더니 저마다 좋은 이유가 보이기 시작했습니다. 작업은 몇 년간 이어졌고 양이 방대해져 혼자 보긴 아깝다는 생각이 들 때쯤, 저는 용감하게도 원고를 시작하기도 전에 책을 내겠노라 주위에 선언부터 했습니다. 원고가 완성된 건 꼬박 1년이 더 걸린 뒤였습니다.

이 책을 읽는 분들에게

『카피 도둑』을 읽는 분들에게 이것만은 자신 있게 말할 수 있습니다.

이 책은 광고·홍보 분야와 직접적인 연관이 없는 분들도 재미있게 읽을 수 있습니다. 시중에 나와 있는 카피라이팅 책 중에는 일본어 번역서가 많습니다. 하지만 한국인에게는 한국어가 익숙합니다. 왜 어떤 카피는 입에 맴돌아 나도 모르게 흥얼거리게 될까요? 왜 어떤 카피는 시선이 한 번 더 갈까요? 왜 어떤 카피는 사람들의 마음을 움직여 지갑을 열게 만들까요? '느낌'은 있었지만 이유를 몰랐던 분은 그 답을 찾으며 카피라이팅의 진정한 묘미를 느낄 수 있을 것입니다.

조금이라도 카피를 쓸 일이 있는 사람이거나 아예 이 일을 업으로 삼고 있는 기획자, 마케터, 카피라이터들은 실제적 도움을 받을 수 있습니다. 카피라이팅의 학문적 배경에는 아리스토텔레스로 거슬러 올라가는 '수사학'이라는 유구한 역사가 있습니다. 거기에 지금껏 한 번도 들어보지 못했을 저만의 해석을 덧붙였습니다. 다양한 사례를 보여주고 해석한 내용에서 반드시 재미를 느끼고, 카피 쓰기에 도움을 받을 수 있을 것이라 확신합니다.

다만 이 책은 발상법을 담고 있지는 않습니다. 카피라이팅 기법을 최대한 세부적으로 분류했고, 각 방법마다 어떤 효용가치가 있는지 설명하고 싶었습니다. 아이디어의 방향을 어떻게 잡아가야 하는지 설명하는 발상법에 대해선 이미 좋은 책들이 훨씬 많이 나와 있으니까요. 가령 미국 광고계에 혁신을 불러

일으킨, 아직까지도 회자되는 제임스 웹 영의 『아이디어를 내는 방법』처럼요. 물론 언젠가는 이 책보다 더 유명한 발상법 책도 쓰고 싶다는 포부가 있긴 합니다.

또 한 가지, 이 책에 담긴 분류와 분석이 정답은 아닙니다. 같은 카피를 보더라도 좋은 이유를 각자 다르게 느낄 수 있습니다. 그러니 책에 담긴 카피들을 보고 자신만의 감상을 자유롭게 펼치고 훔치세요. 그리고 언젠가는 훔친 배움을 자신만의 카피에 담아내기를 바랍니다.

책에는 많은 분이 알고 있는 유명 광고 카피뿐만 아니라 광고 회사 회의실에서만 볼 수 있었던 저와 제 선후배 동료들의 카피가 포함돼 있습니다. 소중한 고민의 산물이 이 책에 수록되는 것을 흔쾌히 허락해 주신 방윤수·안상운·이상규 시디님, 김유진·김민주·강보승 카피님, 나만수·이현정·황인환·조유환·황세희 아트님께 감사드립니다. 또한 훔친 배움을 풀어낼 기회를 마련해 주신 업계의 수많은 선후배 동료에게도 다시 한번 감사의 말씀을 드립니다.

2024년 10월
석윤형

1장   카피를 훔치는 가장 쉬운 방법 (#레토릭)

4장   카피의 구조를 바꿔라 (#구조)

1장

카피를 훔치는
가장 쉬운 방법

#레토릭

브랜드의 목적을 달성하기 위해
설득한다

브랜드는 다양한 목적을 이루고 싶어 합니다. 인지도를 높이거나, 사람들의 인식을 바꾸거나, 매출을 올리거나, 위기를 해결하고 싶어 하죠. 브랜드는 이러한 목적을 달성하기 위해 광고를 활용합니다. 광고는 대중을 설득할 수 있는 도구니까요.

광고로 대중을 설득해서 브랜드의 목적을 달성하려면 의도하는 방향으로 메시지를 전달해야 합니다. 정확하면서도 소비자의 눈길을 끌 방법으로요. 그래서 카피라이팅의 힘이 필요합니다. 카피라이팅의 기본은 '수사학rhetoric', 즉 레토릭입니다. 레토릭은 다른 사람을 설득하는 학문입니다. 과장을 조금 보태면 레토릭이 곧 카피라이팅이라고 할 수도 있습니다. 차이점이 있다면 카피라이팅은 '브랜드의 목적 달성을 위해' 사람을 설득한다는 것입니다. 어떤 레토릭은 카피라이팅이 될 수 있지만, 모든 레토릭이 전부 카피라이팅은 아닌 이유입니다.

카피라이팅으로 쓰이는 레토릭의 간단한 예시를 설의법으로 들어보겠습니다. '설의'는 쉽게 말해 '답정너 의문문'입니다. 발화자가 답을 정해놓고 질문을 던집니다. "내가 너한테 아이스크림 하나 못 사주랴?"라고 말한다면 사줄 수 있다고 강력하게 주장하는 겁니다. 다만 청자가 한번 고민하도록 유도합니다.

카피라이팅에 적용하면 어떨까요? 브랜드가 전달하고자 하는 인사이트형 메시지를 '설의'와 결합하면 큰 효과를 볼 수 있습니다. 한 번 더 생각하게 만들기 때문입니다.

001　　**익서스가 물었다**

메모리가 늘어나서

추억도 늘어났는가

디지털카메라 붐이 막 일던 시절, 카메라 브랜드들은 너도나도 큰 용량의 메모리를 자랑했습니다. 이때 캐논에서는 '익서스'라는 카메라를 내놓고 마이크를 익서스에게 직접 쥐여줬습니다. 익서스는 카메라의 본질을 이야기하죠. "메모리가 늘어난다고 좋은 사진이 찍히는 건 아니다"라고요. 이 인사이트를 "메모리가 늘어난다고 추억도 늘어나는 건 아냐"라고 정직하게 말할 수도 있었습니다. 하지만 익서스는 설의법으로 소비자들이 한 번 더 생각하게 만들었고, 이건 소비자의 뇌리를 파고드는 완벽한 킥이었습니다.

이 예시에서 쓰인 설의법을 포함해 이번 장에서는 카피라이팅이 될 수 있는 기본적인 몇 가지를 소개합니다. 과장하고, 반복하고, 대립하고, 도치시키는 방법입니다. 첫 출근만큼 설레면서도 첫 퇴사만큼 불안합니다. 처음을 연다는 일은 말입니다.

#과장

과장하면
장점이 보인다

"1000점 만점에 990점. 뉴발란스 990"이라는 광고 문구가 있습니다. '10점이나 깎다니 겸손하네'라고 생각하셨다면 어떤 것을 실제보다 부풀리는 '과장'에 익숙하기 때문일지도 모릅니다.

진실은 때로 평범해 보일 수 있습니다. 광고는 본능적으로 브랜드의 장점을 크게 말하고 싶어 하죠. 그래서 광고는 현실을 비추는 거울보단 현실을 과장하는 만화경이 되곤 합니다. 만화경은 '가치 재해석'과 '비유'라는 두 가지 렌즈로 평범한 것을 비범하게 보이도록 합니다. 지금부터 보여드릴 사례들처럼요.

우리의 가치는 우리가 정한다

차를 살 때 같은 값이라면 풀옵션 차보다 상위 라인업의 기본 옵션 차를 추천하는 사람들이 많습니다. 눈에 보이는 성능보단 보이지 않는 가치에 돈을 쓰라는 거죠. 이런 가치는 냅다 부여한다고 덜컥 입혀지지 않습니다. USPUnique Selling Point(제품이나 서비스의 차별화되는 강점)를 그럴듯하게 재해석해야 하는, 일종의 과장이 필요합니다. 오랜 시간 일관되게 공들이면 처음엔 과장이었어도 나중엔 진짜라고 믿게 됩니다. 애플이 'Think Different(다르게 생각하라)'라는 광고 문구를 사용한 뒤, 소비자들이 애플 제품을 쓰며 정말 'Different Thinking'이라고 느끼는 것처럼 말이죠.

002
사람의 몸에
가장 오래 닿아 있는 가구
의자가 자세를 바꾼다
허리 건강을 바꾼다
집중력을 바꾼다

그래서 어쩌면
의자는 성적을 바꾼다

"의자로 인생이 바뀐 분 계세요?"라고 물어보면 "저요"라고 대답하는 사람은 거의 없을 것입니다.
하지만 시디즈의 의자 광고를 보고 나면 "엇! 나 어쩌면 그랬을지도…"라고 말할지도 모르겠습니다.
의자가 자세도, 집중력도, 연봉도 바꿀 수 있습니다. 어쩌면 인생을 바꿀

아이디어를 바꾸고

연봉을 바꾼다

(한 번 바꾸면 10년)

좋은 의자는 많은 것을 바꾼다

의자가 인생을 바꾼다

지도 모르는 일입니다.

003 **강릉 초당 아이스크림**

사회적 거리 실천 캠페인!

집에서 즐기는

강릉 여행

왕복 교통비 20만 원

숙박비 20만 원

식비 30만 원

~~70만 원~~ ⟶ **2,500원**

697,500원 초특가 할인

아이스크림이 2500원이면 다른 아이스크림에 비해 비싼 편입니다. 비싸지 않다고 말하고 싶다면 2500원이 싸게 느껴져야 합니다.

그냥 아이스크림이 아니라 여행이라고 과장해 볼까요? 강릉 초당 아이스크림을 강릉에 직접 가서 먹으려면 교통비에 숙박비 등 무려 70만 원이나 써야 합니다. 그런데 집 앞 편의점에서 사 먹으면 2500원밖에 안 하죠. 강릉 여행을 단돈 2500원에 할 수 있다니! 완전 거저처럼 느껴지네요. 강릉 초당 아이스크림의 가치를 과장되게 재해석한 사례입니다.

004   당신이 사진 찍을 힘만 있어도
보험금 청구를 가능하게 만드는
이것은?
굿리치인가, 갓리치인가
굿리치

보험금 청구는 대개 어렵습니다. 서류도 준비해야 하고 신청 과정도 복잡하죠. 이때 굿리치는 보험금 청구가 정말 쉽다고 말합니다. 얼마나 쉽냐면 식은 죽 먹기보다, 누워서 떡 먹기보다도 쉬운, 사진 한 장 찍는 정도라는 겁니다. 손가락을 툭 움직이는 힘만 있어도 된다니 정말 갓, 아니 굿리치네요.

005   아아, 모두 주목
이것은 과대광고
과하게 꿈이 큰 광고

**우리는 앞으로 화성까지 피자를
배달할 것입니다.
모든 투자자를 억만장자로
만들 작정이고
세계 최고의 해커도 두 손 두 발 다**

대놓고 과대광고라고 말하는 광고도 등장합니다. 자신들의 꿈이 과하게 크다면서요.
이 광고는 신한금융그룹의 광고입니다. 이들이 그리는 미래는 인류를 위한 것이기에 당당함으로 승부하고자 합니다. 화성까지 피자를 배달하고, 지구의 공기를 100년 전으로 돌려놓겠다고 선언합니다.

들게 만들 것입니다.

자산, 건강, 심지어 댕댕이까지

관리하는 AI 집사를 개발할 것이며

지구의 공기를 100년 전처럼 돌려놓

겠습니다.

이 광고는 한동안 모두의 입에 오르내

릴 것입니다.

경쟁자들은 말하겠죠.

"이것 참 선 넘네."

누군간 비웃겠지만

분명히 맹세합니다.

더 이상 과거에 안주하지 않고

더 쉽고 편안하고 더 새로운 금융이

되기 위해 전력을 다할 것을.

이런 맹세, 누가 할 수 있죠?

신한

아무리 신한금융그룹이라도 지금 당장 실현할 순 없지만 가까운 미래에 하겠노라 호언할 정도는 돼 보입니다. 이미 최고의 자리에 있는 브랜드가 가치를 재해석할 땐 이렇게도 할 수 있습니다.

빗대어 과장하면 더 강해진다

(#비유 과장)

과장을 단순히 수사적으로 해선 한계가 있습니다. "엄청! 많이! 되게 커요!" 라고 해봐야 "그런가 보다" 하고 말 것입니다. 그래서 빗대서 과장합니다. 농구선수 하승진만큼 크거나 전봇대처럼 크다고 말입니다. 물론 브랜드가 자사 제품이나 서비스를 '크다'고 과장할 일은 잘 없지만요.

모든 비유가 과장인 것은 아니고, 과장의 기법에 비유만 있는 것도 아닙니다. 다만 광고에서 자주 볼 수 있는 쉽고 강력한 방법이기에 책의 선발대 역할을 맡겨봤습니다.

006

백만스물하나
백만스물둘
백만스물셋
백만스물넷
백만스물… 엑? 다시?
하나 둘 셋 넷 다섯 여섯…
힘세고 오래가는 건전지
에너자이저

많은 분이 알고 있는 고전 광고를 하나 들고 왔습니다. 건전지의 출력이 좋고 오래간다고 표현하기 위해 팔굽혀펴기에 빗대어 과장합니다.
의인화된 백만돌이 건전지는 무려 100만 번이 넘는 팔굽혀펴기를 하다가 숫자를 잊어버려 처음부터 다시 하지만 여전히 쌩쌩합니다. 건전지 광고의 전설적인 레퍼런스죠.

007 A long, long time ago nature found the way to preserve DNA.

(오랜 옛날, 자연은 DNA를 보존하는 방법을 찾았습니다.)

Around 40 million years later some engineers built a car as never before.

(약 4000만 년 후, 어떤 엔지니어들은 이전에 없던 자동차를 만들었습니다.)

A car with a strong DNA that lives on from generation to generation.

(강력한 DNA를 가진 자동차는 세대를 넘어 계속 이어집니다.)

The new G-Class. Stronger than time.

(시간보다 강력한 새로운 G클래스.)

벤츠 G클래스는 명차 반열에 오른 SUV입니다. 역사가 깊은 벤츠의 대표 차종이고, 한국에서는 'G바겐 G-Wagen'이라는 이름으로 익숙하죠. 2018년에 벤츠는 새로운 G클래스를 출시하며 호박석에 비유했습니다. 자연은 DNA를 강하고 아름다운 호박석에 간직해 후대에 전달하는데, 벤츠도 마찬가지라는 뜻입니다. 그들의 DNA가 G클래스에 담겨 후대로 이어지고 있는 건 자연의 섭리나 마찬가지라는 대담한 과장입니다.

008

마녀: 거울아~ 거울아~

마법도 아니면서
얼굴을 비추면 건강이 보인다고?
셀카로 건강을 체크하는 AI 건강 관상
삼성화재 애니핏 플러스

'애니핏 플러스'라는 삼성화재의 건강 관리 앱 광고입니다. AI 기술로 셀카를 찍으면 건강 상태를 알려준다는 USP가 마치 마법 같다고 과장합니다. "이건 마법이야!"가 아니라 "마법도 아니면서"라고 하지 않았냐고요? 사실상 '마법'이라고 돌려 말하는 세련된 방식입니다.

'세련'이라는 단어는 세련되지 못하지만, '과장'이라는 단어는 과장되기 십상입니다. 너무 과장되면 속인다는 느낌을 주기 때문입니다. 크게 부풀린다고 해서 다 사기는 아니지만, 심한 과장은 광고를 부정적으로 느끼게 만드는 원흉입니다. 광고인이 늘 경계하고 주의하는 부분이죠.

카피 TIP **TV 광고의 강력한 심의**
TV 광고 메시지는 강력한 심의를 받습니다. 예를 들어 '1등'이라는 두 글자를 넣기 위해선 명확한 자료로 소명해야 합니다. 하지만 디지털 광고는 아직 사각지대에 있고, 사람들은 광고 사기를 잡아내는 유튜브 채널에 공감하고 분노합니다. 대다수의 크리에이터들 또한 오롯이 크리에이티브로 승부를 볼 수 있는 정의로운 광고 환경을 원합니다. 애드 블록테크(광고 차단 기술)만큼 스캠 블록테크(사기 차단 기술)가 발전하길 바랍니다.

반복이 주는
힘

학교 다닐 때 중요한 부분을 꼭 반복해서 알려주시던 선생님이 계셨습니다. "반드시, 반드시 나온다"라고까지 하셨죠. 그 부분은 어김없이 시험에 나왔습니다. 이처럼 반복은 강조하기 위함입니다. 중요한 메시지라면 기억에 확실히 남기기 위해 반복합니다.

하지만 시험이 아니고서야 단순히 반복되는 광고를 기억해 주는 소비자는 없습니다. 그래서 조금씩 다르게 반복합니다. 반복하면 의미가 곱절로 증폭될 수도 있고, 의미가 상쇄되어 다른 메시지를 전달할 수도 있습니다. 또한 변칙적으로 비슷한 모양을 사용해 반복의 효과를 얻을 수도 있습니다.

여러 번 말하면 지루하고 귀 아프니 예시를 보면서 조금씩 다르게 소개해 보겠습니다.

반복도 변주가 필요하다

#단순 반복

반복의 기본은 나열하는 것입니다. 설득될 때까지 단순하고 우직하게 나열합니다. 하지만 맥락 없이 나열만 하면 설득력이 떨어집니다. 진부하지 않게 보여줄 장치가 필요합니다.

009

영어가 안 되면 시원스쿨

영어가 안 되면 시원스쿨

영어가 안 되면 시원스쿨 닷컴에 오세요

영어가 안 되면 시원스쿨 닷컴!

한때 모두의 귓가에 맴돌았던 시원스쿨 광고입니다. 단순한 카피를 단순하게 반복했지만 멜로디를 넣어 중독성 있게 만들고, 전문 성우가 아닌 친근한 일반인의 목소리로 관심을 끌었습니다. 이 광고가 성공해서 나중엔 미국에 진출한 류현진 선수까지 모델로 쓰게 되었죠.

010

그때, 그곳, 그 맛

그때, 그곳, 그 맛

그때부터 지금까지

설탕, 밀가루 등이 주력 상품인 백설의 광고입니다. '그때, 그곳, 그 맛'을 반복합니다. 이는 '그때부터 지금까

우리 집 식탁에 맛있는 눈이 내립니다
맛은 사라지지 않는다
1953년부터 맛은 쌓인다

지'를 말하기 위한 빌드업으로서의 반복입니다. 1953년부터 쌓아온 백설의 유산이 '그때'부터 이어졌다고 말하기 위함입니다.

011   Free Free Free Free Free Free
Free Free Free Free Free Free
Free Free Free Free Free Free

미국의 소득세 신고 소프트웨어 브랜드 터보택스TurboTax의 광고는 카피가 전부 'Free'입니다. 여러 버전이 있는데요. 멋진 영화 장면의 대사를 모두 'Free'로 채우거나, 퀴즈 쇼에서 어떤 문제를 내든 정답이 모두 'Free'입니다. 또 무대 위에서 떨던 여린 소년이 청중을 향해 분연히 'Free'를 외치고 청중은 열렬히 화답하죠.

단순히 'Free'만 반복해서 나오는 광고는 사람들의 이목을 끌기 어렵겠지만 예상치 못한 재미를 추가해서 주목도를 높였습니다. 자사 프로그램이 무료라는 것 하나는 확실히 전달됐겠네요.

의미를 갑절로 증폭시켜라

반복의 목적은 강조하기 위함이라고 했습니다. 그런데 반복으로 의미가 약간 강조되는 것이 아니라 갑절로 증폭될 수도 있습니다. "누워 있지만 더 눕고 싶어"처럼 스스로 반복해서 '더 편하게 오래 눕고 싶다'는 의미를 강조합니다. 이때는 의미가 더해진(+) 것보다 곱해진(×) 쪽에 가까워 보입니다.

---

012 혁신을 혁신하다

혁신을 혁신한다는 건 혁신에서 그치지 않고 기존에 존재하는 혁신마저 혁신해 버린다는 의미입니다. SK이노베이션의 카피로, 혁신의 최정점에 서고 싶은 많은 기업에서 탐낼 것 같은 표현입니다.

---

013 공부를 공부하다

공부를 공부한다고 하니 공부가 가진 본질을 고민해서 흔들리지 않고 올바른 방향으로 공부하겠다는 의미가 되었습니다. 교육 관련 브랜드라면 어디든 쓰고 싶어 할 것 같은데요. 책 제목으로 사용된 적이 있는 카피입니다.

반대로 의미를 상쇄시켜라

(#재귀 상쇄)

반복했는데 의미가 증폭되지 않고 반대로 의미가 상쇄되는 경우도 있습니다. 이때는 의미가 빠진(-) 것보다는 나눠진(÷) 쪽에 가까워 보이네요.

014   바꾸는 정도로는 바뀌지 않는다

바꾸는 정도로는 바뀌지 않는다는 건 작은 걸 바꿔봤자 크게 보면 달라지지 않는다는 의미입니다. 앞서 나온 '혁신을 혁신하다'라는 카피가 뒤에 붙으면 잘 어울릴 것 같습니다.

015   금지를 금지하다

하지 말라고 막는 것을 역으로 막아 버립니다. 한계를 깨는 새로운 제품이나 서비스가 나왔다면 충분히 써볼 만합니다. 우리가 금지를 금지해 주겠다고요.

1968년 5월 프랑스 젊은이들이 외쳤던 "금지하는 것을 금지한다"라는 혁명 구호로 쓰이기도 했습니다.

016 **우리의 놀라움은 놀랍지도 않은 일**

우리가 보여주는 놀라움은 여기서 그치지 않는다는 말입니다. 더 큰 게 온다고 선언하는 자신감 넘치는 표현입니다.

017 실패여 **내게 오라**

너는 나에게 **실패할 것이니**

좌절이여 **내게 오라**

내가 너를 **좌절시킬 테니**

포기여 **내게 오라**

내가 너를 **포기시킬 것이다**

나는 청춘이다 SK

SK그룹에서 〈장학퀴즈〉 40주년을 기념해 제작한 PR 광고입니다. 실패를 실패시키고, 좌절을 좌절시키고, 포기를 포기시킨다는 내용입니다. 청춘이기에 말할 수 있는 담대한 카피였습니다.

의미를 곱하는 재귀 증폭과 의미를 나누는 재귀 상쇄는 『카피책』(정철, 블랙피쉬, 2023)에서 많은 도움과 영감을 받았습니다.

성공적인 뇌절도 있다

(#기승전 반복)

단순 반복에서 조금 더 발전하면 어떻게 될까요? 단어의 형태를 조금씩 바꿔 반복하거나 특정 구조를 반복할 수도 있습니다. 이번엔 서로 다른 에피소드가 옴니버스식으로 여러 번 반복되고 에피소드의 마지막엔 늘 같은 메시지가 나오는 구조를 소개하겠습니다.

반복은 자칫하면 지루해질 수 있기에 이 포맷은 유머와 함께 쓰이는 편입니다. 흔히 말하는 '뇌절'이죠. 성공적인 뇌절은 웃겨야 하고, 웃기려면 스토리뿐 아니라 연출 감도가 높아야 합니다. 탁월한 감각을 가진 광고 회사 '돌고래유괴단'의 시그니처 메뉴이기도 합니다.

지금부터 보여드릴 예시는 카피만 읽으면 광고의 맛을 느끼기 어렵습니다. 그래서 광고로 연결되는 QR코드를 넣었으니 영상을 함께 보며 감상하는 것을 추천합니다.

018

남자 1: Pizza Hut?(피자헛?)

남자 2: NO(아니)

(탕! 총 쏘는 소리)

남자 1: Pizza Hut?(피자헛?)

남자 3: NO(아니)

재밌는 상황을 보여주고 뒤이어 피자헛의 시그니처 징글(CM송) '함께 즐겨요 피자헛'으로 마무리 짓는 짧은 에피소드를 여러 개 담았습니다. 구조를 반복할 때의 장점은 대중의

(탕! 총 쏘는 소리)

남자 2: Pizza Hut?(피자헛?)

남자 1: …NO(아니)

(탕! 자신에게 총을 겨누고 쏘는 소리)

징글: 함께 즐겨요 피자헛

학생 1: 피자 시켰냐?

학생 2: 어

학생 1: 어디 거 시켰어?

학생 2: 도미ㄴ…

(앞 광고의 남자 1이 나타나 총을 겨눈다)

징글: 함께 즐겨요 피자헛

마음을 움직이는 스토리를 넣을 수 있다는 겁니다. 단점은 그만큼 재밌는 아이디어를 많이 내야 한다는 것일 테고요.

허참: 고요 속의~ 외침!

남자: 콜럼버스!

여자: 컬러박스!

여자: 카레라이스!

남자: 나이츠크로니클!

본격 애니메이션 모바일 RPG
나이츠크로니클!

진행자: 자, 철우 씨. 여기에 철우 씨 어머니가 나와 계십니다. 이제 그토록 부르고 싶었던 그 이름, 어머니! 불러보세요!

남자: 나이츠크로니클!

본격 애니메이션 모바일 RPG
나이츠크로니클!

아빠: 아빠~ 해봐. 아빠~

아기: 나이츠크로니클

본격 프리미엄 분유
나이츠크로니클!

나이츠크로니클 게임 광고는 〈가족 오락관〉〈TV는 사랑을 싣고〉처럼 잘 알려진 포맷을 사용했습니다. 익숙한 포맷대로 진행되다 뜬금없이 '본격 애니메이션 모바일 RPG 나이츠크로니클!'로 마무리되는 구조가 반복됩니다.

반복이 지루하지 않도록 조금씩 변주를 하고 있는데요. 처음엔 뜬금없이 침투하는 구조를 반복하다가 뒤에서는 아예 아무 상관도 없는 '프리미엄 분유'라고 하며 헛웃음 짓게 만들기도 합니다. 제작자의 입장에서 참 샘나는 재치입니다.

같지만 다른 반복

(#유사어 반복)

메시지를 조금씩 변형해서 반복하는 방법입니다. 같은 표현이 아니라 비슷하지만 조금 다른 표현을 반복합니다. 형태, 발음, 의미가 비슷한 표현들인데요. 형태는 같은데 발음과 의미가 다르거나, 형태와 발음은 같은데 의미가 다른 유형 등 조합할 수 있는 경우의 수가 꽤 많습니다.

---

020   자동차 보험 아직도 몰라?

열에~ 아홉!(야구 아웃)

아~호옵(하품)

아~홉~(야호)

아호오오옵~(늑대 울음소리)

아홉뼈(등짝 스매싱 직전)

아~~홉~~(소프라노)

열에~(열외를 외치는 조교)

아홉~!(이소룡)

열에 아홉이 다시 가입한

'열에 아홉이 재가입한다'라는 메시지를 강조하기 위해 비슷한 발음을 가진 표현을 잔뜩 모았습니다. '열에'와 발음이 비슷한 군대 조교의 '열외'라는 외침을 쓰기도 하고, '아홉'과 발음이 비슷한 하품 소리 '아옹', 이소룡의 기합 소리 '아오', 늑대의 울음소리 '어우' 등의 단어를 붙였습니다. 단어의 형태를 조금씩 바꾸어 지루하지 않게 만들면서 메시지를 반복적으로 던지고 있네요.

이렇게 반복해서 전달하면 그냥 "열

삼성화재 다이렉트 착 자동차 보험

에 아홉이 다시 가입한 자동차 보험"
이라고 말하는 것보다는 소비자의 뇌
리에 더 잘 박힐 것 같습니다. 요샛말
로 '뇌절'이라고 하는 이 기술은 선을
잘못 타면 '노잼'이 되기 쉽지만 숙련
된 기술자의 섬세한 감각이 더해지니
입꼬리를 자극하는 훌륭한 B급 콘텐
츠가 됐습니다.

021　이랴~ 이랴~(1위야~ 1위야~)

치킨 와~ 이거 왜 이리 맛있어?(왜 1위

맛있어?)

이깟 일로 일희일비하지 말게나(1위

일비 하지 말게나)

아이 귀여워. 아이 이뻐. 어디가? 이

앞서 나온 삼성화재 다이렉트의 '열에
아홉'을 반복하는 사례와 비슷합니다.
'중등인강 1위'라는 메시지를 전달하
기 위해 '1위'와 발음이 비슷한 '이랴'
'이리' '일희' 등을 모았습니다.
한두 번으론 마음이 움직이기 쉽지

리 와~(1위 와~)

중등인강 1위 엠베스트

않습니다. 하지만 이렇게 네 번, 다섯 번 뚝심있게 반복하면 누군가에겐 진심이 전달되지 않을까요?

반복은 광고의 가장 근본적인 고민을 가장 단순하게 해결하는 방법입니다. 대중에게 메시지를 각인하기 위해 말하고 또 말하는 거죠. 자금 여유가 있다면 비용을 많이 써서 해결할 수도 있지만 광고를 한 번만 봐도 각인되는 방법을 찾아야 할 때도 있습니다.

> **카피 TIP** 유사어 만들기
>
> 내가 쓰고 싶은 키워드의 유사어를 나열해 보세요. AI를 조수로 활용하면 좀 더 수월합니다. 앞서 나온 예시처럼 발음이 비슷한 단어를 찾을 수도 있고, 뜻이 비슷한 단어를 찾을 수도 있습니다. 찾은 단어마다 작은 스토리를 붙여 하나의 흐름으로 이어보세요. 길어지면 재밌어야 한다는 것, 잊지 마시고요.

부딪치면
눈길이 간다

세상에서 제일 재밌는 구경은 싸움 구경입니다. 자극적이니까요. 카피에서도 마찬가지입니다. 표현끼리 충돌을 일으키면 읽는 사람의 머릿속에 도파민이 터집니다. 눈길은 빠르게 지나쳐도 여운이 남습니다.

표현의 싸움에는 어떤 것이 있을까요? '대비'는 기세 싸움입니다. 서로 다른 의미가 거리감을 유지한 채 긴장을 만듭니다. '역설'은 반대되는 두 의미가 만나 새로운 의미를 만듭니다. 전쟁하던 두 진영이 합쳐져 새로운 국가를 만드는 것처럼요. '반어'는 말하고 싶은 내용을 정반대로 표현하니 그야말로 화전和戰 양면전술이고요. '설의'는 이미 이긴 싸움입니다. 답을 다 정해놓고 질문을 던지죠.

이제 문장들의 링으로 초대하겠습니다. 라인업이 강하고 호전적이라 기대하셔도 좋습니다.

서로를 드러내 주는 대비 표현

(#대비)

각자 주장이 명확한 두 표현은 오히려 서로를 잘 드러내 줍니다. "인생은 짧고 예술은 길다"고 말한 히포크라테스의 명언처럼요.

---

022   신혼은 짧고 이불은 길다

이브자리는 신혼과 이불이 서로를 잘 드러내 준다고 생각했는지 히포크라테스의 명언을 패러디했습니다. 짧은 신혼생활을 즐기는 데 집중하는 것보다 오래 쓸 수 있는 좋은 이불 사는 게 능사라는 뜻이죠.

---

023   시설은 미국, 가격은 북한

시설은 미국에, 가격은 북한에 빗대며 대비 구조를 만들었습니다. 집 근처 헬스장에서 본 카피인데요. 미국산 장비를 갖춘 오프라인 매장이라면 어디서든 꽤 탐낼 만한 표현이라고 생각했습니다.

024   아무것도 더하지 않았다
편안함만 빼고
○○ 잠옷

잠옷은 덜어낼수록 편안할 것 같습니다. 그래서 다 덜어내고 딱 하나, 편안함만 남겼다고 말합니다. 잠에 방해되는 모든 것을 빼버리고 편안함만 더했다는 거죠.

025   써밋

깊이가 만드는 높이

가장 아름답고 가장 빛나는
이 공간을 완성하는 것은 바로 당신

완벽하게 지어진 주거 공간 그 위로
당신의 삶이 깊이를 더해갈 때
진정한 써밋은 완성됩니다

'써밋'은 아파트 브랜드 푸르지오의 최상급 라인입니다. 써밋Summit이라는 단어 자체가 정상, 정점이라는 뜻입니다. 써밋을 알릴 때 단순히 "높다! 정말 높다! 최고다!"라고 말할 수도 있지만 그렇게 하면 별로 와닿지 않겠죠.
'높이'와 대비되는 '깊이'라는 단어를 함께 배치했습니다. 깊이가 깊어질수록 고점은 더욱 높아 보입니다. '써밋'이라는 브랜드는 단순히 '높이'만 있지 않고 '깊이'까지 있다고 말합니다. 프리미엄 아파트의 타깃들이 원하는 우아한 기품입니다.

026

It's what you do in the dark

(당신이 어둠 속에서 한 일이)

that put you in the light

(당신을 빛으로 이끌 것이다)

RULE YOURSELF

(자신을 지배하라)

마이클 펠프스라는 미국의 수영 괴물이 2016년 리우 올림픽에 복귀를 선언했을 때, 사람들은 그가 다시 올림픽에서 메달을 휩쓸 수 없을 거라고 했습니다.

경쟁에서 열세에 있는 약자인 언더독을 지지하는 가치를 내세웠던 언더아머는 그를 모델로 선정했고, 리우 올림픽이 열리기 전부터 그의 훈련 모습을 광고로 내보냈습니다. 그리고 마이클 펠프스는 리우 올림픽에서 총 여섯 개의 메달을 목에 걸었습니다. 언더아머의 광고도 신이 나서 흘러나왔죠. 어둠과 빛이 대비되는 묵직하고 간결한 카피와 함께였습니다.

027

이런 건 처음일걸요?

이제부터 트롬은

세탁기로 닫혀

건조기로 열립니다

세탁기와 건조기가 하나로 합쳐진 제품이 드디어 나왔습니다. 세탁기와 건조기가 각각 있다면 문을 닫고 여는 일만 두 번씩 해야 하죠.

올인원 워시콤보로

세탁부터 건조까지

끊김 없이 한 번에

이제 모든 세탁 건조를

워시콤보 하나로 완료

하지만 이 제품을 사용한다면 어떨까요? 문을 한 번만 닫고 열면 세탁과 건조가 끝나 있습니다. 세탁기와 건조기가 저마다 돋보이는 멋진 대비입니다. 이런 혁신일수록 이렇게 점잖게 말해야 더 있어 보이는 것 같습니다.

카피 TIP 대비되는 표현 모음

짧다 ↔ 길다	뜨겁다 ↔ 차갑다	날씬하다 ↔ 뚱뚱하다
열다 ↔ 닫다	깊다 ↔ 얕다	사랑하다 ↔ 미워하다
높다 ↔ 낮다	멀다 ↔ 가깝다	시작하다 ↔ 끝내다
밝다 ↔ 어둡다	많다 ↔ 적다	웃다 ↔ 울다
크다 ↔ 작다	싸다 ↔ 비싸다	나가다 ↔ 들어오다
빠르다 ↔ 느리다	진하다 ↔ 연하다	오르다 ↔ 내리다
부드럽다 ↔ 거칠다	배부르다 ↔ 배고프다	일어나다 ↔ 눕다
춥다 ↔ 덥다	넓다 ↔ 좁다	맞다 ↔ 틀리다
무겁다 ↔ 가볍다	옳다 ↔ 그르다	성공하다 ↔ 실패하다
강하다 ↔ 약하다	안전하다 ↔ 위험하다	기억하다 ↔ 잊다
얇다 ↔ 두껍다	깨끗하다 ↔ 더럽다	바르다 ↔ 비뚤다
좋다 ↔ 나쁘다	젊다 ↔ 늙다	

뜨거운 아이스 커피 주세요

#역설

"이 문장은 거짓이다"라는 문장은 대표적인 역설paradox입니다. 상반되는 표현이 만나 모순을 만드는 것을 말하죠. 이때 서로 다른 이야기들은 대립하는 동시에 함께 숨은 의미를 만들게 됩니다.

"내리막이 아름다운 인생도 있다"라는 스케이트보드 광고 문구를 볼까요? 인생이 잘 안 풀리고 점점 안 좋아질 때 '내리막'이라는 표현을 씁니다. 이 광고는 노을 지는 비탈길을 배경으로 스케이트보드를 타는 모습을 보여주며 인생의 내리막이 아름다울 수도 있다고, 내리막이라고 늘 안 좋은 건 아니라고 말합니다. 자연스럽게 새옹지마가 떠오릅니다.

역설은 주로 광고 도입부에 등장해 주의를 환기하는 역할을 합니다. 초기 이탈률을 꽤 낮출 수 있죠. 광고 중반 이후에 그 의미를 쉽게 풀어주면서 전달하고 싶은 메시지를 구체화합니다.

---

028 "뜨거운 아이스 아메리카노 주세요"

"뜨거운 냉커피 부탁해요"

"뜨거운 아아 한 잔이요"

"네?"

뜨거운 물과 얼음이 만나는 순간

"뜨거운 아이스 커피 주세요"라는 난감한 주문의 전설은 카페 직원들 사이에선 유명합니다. 엔제리너스는 실제로 뜨거운 아이스 커피를 만들어서 긍정적인 의미에서 전설이 되려고 하

가장 차가운 아이스가 탄생한다

더 오래 더 차갑게

이게 바로 여름을 이기는 커피의 기술

뜨거운 냉커피 합니다

네요.

도입부에 '뜨거운 아이스 커피'라는 역설적인 표현을 던져 주의를 끈 뒤 중반부에 자세한 이야기를 풀어냈습니다. 뜨거운 물과 얼음으로 가장 차가운 아이스를 만들기 위함이었죠.

---

029 **마약, 시작하면 끝입니다**

"우리 한번 해볼까? 끝내주거든!"

청춘 끝

"다이어트해? 이거 한 알이면

끝이야"

건강 끝

"집중이 잘 안 돼? 이거 하나면

끝나!"

미래 끝

"걱정 말고 시작해 봐. 뒤끝 하나도

없어"

젊음 끝

마약, 시작이 인생 끝

마약은 '한번 해볼까?' 하는 호기심에 시작하는 경우가 많습니다. 이번 한번만 하고 다시는 안 할 수 있을 거라고 생각해서죠.

하지만 이 광고에서는 마약은 시작이 곧 끝이라고 말합니다. 시작하면 돌이킬 수 없기 때문입니다.

030 "더위를 이기지 말자!"

폭염과의 싸움

기운 빼지 말고 수분 채우기

버티지 말고 쉬어 가기

정면 대결 금지

그늘로 피하기

더위는 지는 게 이기는 거예요

포카리스웨트로 유명한 동아오츠카와 행정안전부가 진행한 온열질환 예방 캠페인입니다.

우리는 더위를 이기기 위해 온갖 방법을 씁니다. '이열치열'이라는 말까지 있을 정도입니다. 하지만 이 광고는 더위에 지는 게 오히려 이기는 것이라는 역설을 말합니다. 더위는 피하는 게 오히려 현명하다고요.

---

031 이상한 승부

이겨도 지고, 져도 또 집니다

불법 스포츠 도박 사이트

70%가 먹튀

정정당당한 룰을 깨뜨리는

불법 스포츠 도박

결국 모든 것을 잃게 됩니다

이번엔 "이겨도 지고, 져도 또 진다"라고 말합니다. 불법 도박은 과정이 어떻든 결국엔 패배할 수밖에 없다는 겁니다.

스포츠토토와 문화체육관광부가 함께 진행한 공익 광고인데요. 공익성을 띤 메시지에 주로 역설을 사용하는 이유는 광고의 타깃층이 넓은 만큼 주목도를 높이고 이해하기 쉽게 전달하기 위함입니다.

속마음, 사실은 들키고 싶다

(#반어)

한국 같은 유교 문화권일수록 직설적으로 말하기를 조심스러워합니다. 그래서 일상에서도 광고에서도 반어법을 많이 사용하는 것 같습니다. 광고에서 반어는 주로 처음에 등장해서 이목을 끌어줍니다. '엥, 저게 무슨 말이야?' 하고 궁금해지게요. 그게 무슨 말이냐고요? 예시를 통해 설명하겠습니다.

---

032 아리수 마시지 마세요

지구를 아끼고 싶지 않다면

나를 사랑하지 않는다면

물을 그저 물로만 본다면

(페트병 걱정, 탄소 배출 걱정, 미세플라스틱 걱정 없는 물)

이렇게 멋진 물

경험하고 싶지 않다면

아리수 마시지 마세요

멋을 마신다 아리수

서울시 수돗물 브랜드 아리수의 브랜딩 광고입니다. 아리수의 수질은 세계적으로 알아줄 정도지만 우리나라에서 수돗물을 바로 마시는 사람은 별로 없습니다.

그래서 아리수는 기능보다 가치로 접근했습니다. 가치 소비를 지향하는 MZ들에게 아리수를 마시는 게 이만큼 힙하고 멋진 것이라고 말합니다. 그래서 메시지 소구 방식도 매달리기보단 한번 튕기는 겁니다. 아리수 마시지 말라고요.

033　인생을 낭비하자

이를 누렇게 했다가 다시 하얗게

피부를 늘어지게 했다가 다시 탱탱

하게

아, 남아도는 인생

비싼 옷엔 담배빵

담배 냄새엔 향수 콸콸

어차피 백 세 시대

혈관은 틀어막고

폐엔 구멍 내며

남보다 먼저 가자

(중략)

인생을 낭비하자

한 대 피우면서

깨워봐 우리 안의 금연 본능

담배로 인생을 낭비하고 싶은 사람

은 없으니까

"인생을 낭비하자"라니, 정말 다음 내용을 안 볼 수 없습니다. 담배로 일상을 망가트렸다가 다시 회복시키는 비효율적인 행태를 꼬집고 있는 보건복지부의 광고입니다.

"담배로 인생을 낭비하고 싶은 사람은 없다"라는 핵심 메시지를 맨 마지막에 배치하는 건 1분이나 되는 비교적 긴 광고에서 꽤나 모험이었을 겁니다. 그럼에도 마지막까지 시선을 떼지 못하게 만드는 카피와 비주얼에 찬사를 보냅니다.

고도의 가스라이팅? 고도의 카피라이팅!

(#설의)

앞서 말했듯 설의법은 의문문의 일종입니다. 의문문은 궁금한 것을 묻는 문장인데, 설의법은 아는 이야기를 강조하기 위해 의문 형식을 씁니다. "나는 이렇게 생각하는데, 넌 어때?"라고 은근히 돌려 말하는 사실상 고도의 가스라이팅입니다. 설의가 다소 공격적이라고 느껴지는 이유도 여기에 있습니다.

긍정으로 물으면 부정의 의미를, 부정으로 물으면 긍정의 의미를 강조하게 됩니다. 원래 하고자 했던 말을 반대로 함으로써 더욱 강조하는 거죠. "공든 탑이 무너지랴"는 무슨 뜻일까요? 안 무너진다는 겁니다. "내일 오기로 한 거 아니었어?"라는 말은요? 내일 오기로 했다는 겁니다. "얼마나 아름다운 광경인가?"처럼 답을 정해놓고 묻는 기본적인 형태의 설의도 있습니다.

---

034 **엄마라는 경력은 왜 스펙 한 줄 되지 않을까?**
나를 아끼자, 박카스

박카스가 경력 단절 여성의 고충을 이야기합니다. 엄마라는 역할은 정말 힘든 '일'인데 왜 경력으로 인정되지 않느냐는 거죠.

이처럼 설의는 통찰을 주는 메시지와 궁합이 좋습니다. 곰곰이 다시 생각해 보게 만들거든요.

Am I a bad person? Tell me. Am I?(나는 악인인가? 말해봐, 정말 그래?)

I'm single minded. I'm deceptive. I'm obsessive. I'm selfish.(나는 한 곳만 파고들고, 속임수를 잘 쓰는 데다 집요하고 이기적이야.)

Does that make me a bad person? Am I a bad person? Am I?(그런 내가 나쁜가? 내가 나쁜 놈 같아? 정말?)

I have no empathy. I don't respect you. I'm never satisfied. I have an obsession with power. I'm irrational. I have zero remorse. (난 공감 능력 없고, 널 존중하지 않아. 나는 결코 만족을 몰라. 힘에 집착하고 비이성적이고 후회는 전혀 없어.)

어느 스포츠 종목이든 탑 플레이어들이 있습니다. 그들은 승부에 광적으로 집착하고 세계 최고의 기량을 보여주며 주위를 압도합니다. 무자비한 퍼포먼스를 보여주는 그들은 상대방 입장에서 보면 악마가 따로 없죠.

광고는 경기에서 최선을 다하는 선수들을 보여주며 내레이션으로 계속 속삭입니다. 이런 내가 정말 악인이냐고, 만약 그렇다 해도 너도 나처럼 되고 싶은 것 아니냐고 말이죠.

성적이 좋지 않던 나이키가 2024년에 빌런 컨셉을 들고 온 건 탁월한 선택이었습니다. 빌런 전성시대에 맞춰 매력적인 회심의 일격을 날렸죠.

반드시 윌럼 더포Willem Dafoe의 쫀득한 내레이션을 직접 들으며 광고를 시청해 보길 권합니다.

I have no sense of compassion. I'm delusional. I'm maniacal. You think I'm a bad person?(난 동정심 따윈 없고 망상에 빠진 미치광이야. 넌 이런 내가 악인 같아?)

Tell me. Tell me. Tell me. Tell me. Am I?(말해봐. 말해봐. 말해봐. 말해봐. 그런 것 같아?)

카피 TIP 설의법을 활용한 속담

설의법을 활용한 속담을 모아봤습니다. 찬찬히 들여다 보면 역시 통찰형 메시지가 많이 있다는 것을 알 수 있습니다.

가루 가지고 떡 못 만들랴	두었다가 국 끓여 먹겠느냐
가마솥이 검기로 밥도 검을까	마른나무에 꽃이 피랴
가죽이 모자라서 눈을 냈는가	보름달이 밝은 줄 몰랐더냐
공든 탑이 무너지랴	산 입에 거미줄 치랴
구더기 무서워 장 못 담글까	아니 땐 굴뚝에 연기 나랴
급하면 바늘허리에 실 매어 쓸까	웃는 얼굴에 침 뱉으랴
길을 두고 뫼로 갈까	첫술에 배부르랴

바꿔치기의 기술

도치는 문장 성분의 순서를 바꾸는 것입니다. "너의 내일이 기대된다"에서 "기대된다, 너의 내일이"로 바꾸는 식이죠. 뒤에 있는 것을 앞으로 옮겨 뒷말을 강조하기도 하고, 어순에 의외성을 둬서 이어질 내용을 궁금하게 만들기도 합니다. 구조적인 의도로 어순을 바꾸는 경우도 있습니다.

일반적인 도치 외에도 음운이 도치되는 경우, 조건문의 대우로 만들어지는 도치까지 한데 묶어 소개하겠습니다.

순서를 바꾸면 궁금증이 생긴다

#일반 도치

유명 연예인 노사연, 이무송 부부가 한 예능 프로그램에 나왔습니다. 셰프가 닭발을 요리하는데 이무송 씨가 말합니다. "노사연 씨 닭발 못 먹어요." 다들 의외라고 생각하고 있을 때 한마디를 덧붙입니다. "없어서!"

의외의 정보를 앞에 내세우는 척하지만 정작 중요한 정보를 뒤로 보내 반전을 꾀한 사례입니다. 이처럼 순서를 바꾸면 궁금증을 유발하며 주목도를 높일 수 있습니다. 광고에서 활용된 사례를 보겠습니다.

---

036 **갇혀버렸다**
반복되는 피부 트러블에

트러블 세럼 광고입니다. "반복되는 피부 트러블에 갇혀버렸다"라는 문장에서 '갇혀버렸다'를 앞으로 당겼습니다. 갇혔다는 뜻이 강조되면서 다음 내용을 궁금하게 만들었습니다.

---

037 열다, 바로 먹는 참치의 시대
밥 위에 바로 먹는 참기름 참치!

여기선 '열다'를 앞으로 보내 뚜껑을 열어 먹는 참치 캔 제품의 특징까지 고려했습니다. 밥 위에 얹어 바로 먹는다니 얼마나 맛있을까요?

오래 걸어서 발이 아픈 거라
생각했다
운동화밖에 몰랐을 땐

그래핀 폼으로 완성한 혁신의
하이킹화 플라이하이크 렉스

도치는 설의처럼 인사이트형 카피와 잘 어울립니다. 기존 통념을 먼저 제시하고, 뒤에서 그 통념을 만들어내는 조건을 깨기 위해 도치를 활용할 수 있습니다.

"운동화밖에 몰랐을 땐 오래 걸어서 발이 아픈 거라 생각했다"라는 'A라면 B이다' 구조에서 고정관념을 만드는 A를 자연스럽게 깨기 위해 'B였다. A였다면'으로 도치시켰습니다.

카피 TIP 문학에서의 도치

옛 문학에서의 도치는 카피와는 조금 차이가 있습니다. 굵직한 표현을 앞에서 먼저 소화하고 뒷 내용을 가냘프게 이어 서정적인 분위기를 만들어 줍니다.

- 죽어도 아니 눈물 흘리우리다. (김소월, 〈진달래꽃〉)
- 내게 바이 갈 길은 하나 없소. (김소월, 〈길〉)
- 나는 아직 기다리고 있을 테요, 찬란한 슬픔의 봄을. (김영랑, 〈모란이 피기까지는〉)
- 아아 누구던가 / 이렇게 슬프고도 애달픈 마음을 / 맨 처음 공중에 달 줄을 안 그는. (유치환, 〈깃발〉)
- 가을날 노랗게 물들인 은행잎이 / 바람에 흔들려 휘날리듯이 / 그렇게 가오리다 / 임께서 부르시면. (신석정, 〈임께서 부르시면〉)
- 보고 싶어요. 붉은 산이, 그리고 흰옷이. (김동인, 〈붉은 산〉)

대우 명제로 도치 만들기

#대우

문장을 대우 형태로 바꿔서 도치의 효과를 노립니다. 어릴 때 배운 '명제의 역, 이, 대우'가 기억나나요?

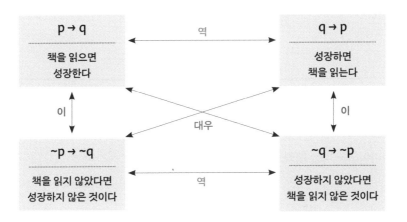

"책을 읽으면 성장한다"라는 명제를 역, 이, 대우로 가정해 보는 여러 상황입니다. 그래서 문장 성분들이 도치되어 있습니다. 이 중에서 오직 대우만이 카피라이팅에 활용할 수 있는 도치입니다. 왜일까요? 명제와 그 대우는 참의 값이 같기 때문입니다.

대우를 만들 때 주의해야 할 점은 순서를 바꿀 때 인과관계까지 바꿔선 안

된다는 겁니다.

인과관계를 무시한 잘못된 대우 → "성장하지 않으면 책을 읽지 않는다"
인과관계를 고려한 올바른 대우 → "성장하지 않았다면 책을 읽지 않은 것이다"

이렇게 인과관계를 유지해야 대우를 카피라이팅으로 활용할 수 있습니다. 카피로 쓰인 예시를 소개해 드립니다.

039

TV는 움직이지 않는 것,
그렇게 이해했다
스탠바이미가 나를 따라오기 전까지

임의로 적어본 이동식 TV 스탠바이미 카피입니다.
TV는 보통 제자리에 있습니다. 거실이든 안방이든 어딘가에 고정돼 있고 TV가 있는 곳으로 우리가 가야 하죠. LG에서 만든 스탠바이미는 움직이는 TV입니다.
"스탠바이미가 나를 따라오면서 TV는 움직이는 거라고 이해했다"라고 쓸 수도 있겠지만 이 문장에 대우를 적용하면 조금 더 매력이 생깁니다. 도치 효과 덕분이죠.

플라스틱은

왜?

구박을 받을까?

천덕꾸러기가 됐을까?

바다거북이의 천적이 됐을까?

아직

○○화학을 못 만났기 때문에

플라스틱의 진가는

우리 눈에만 보입니다

○○화학은 폐플라스틱을 재활용해서 재생 플라스틱을 만드는 회사입니다. 이들은 자신들이 무슨 일을 하는지 알리고 싶었지만 영 쉽지 않다고 생각했습니다. 플라스틱은 생명도 위협하고, 환경도 파괴하기 때문에 사람들에게 미움받고 있으니까요.

그래서 역으로 생각해 봅니다. ○○화학은 폐플라스틱을 재활용하는 회사이기 때문에 플라스틱이 이들을 만나면 더 이상 미움받지 않을 것 같습니다. 메시지는 정해졌는데, 카피라이팅은 어떻게 하면 좋을까요? 대우 명제로 바꿔보는 겁니다. '플라스틱이 미움받는 이유는 → 아직 우리를 만나지 않았기 때문'이라고요.

살짝만 바꿔도 새롭다

#음운 도치   #음소 도치   #음절 도치   #단어 도치   #애너그램

문장 혹은 단어 안에서 음운의 순서가 바뀌는 것을 음운 도치라고 합니다. 음운音韻은 말의 뜻을 구별해 주는 소리의 최소 단위로, 간단히 자음과 모음을 생각하면 됩니다. 음운이 도치되는 사례들을 최대한 간결하게 소개해 보겠습니다. 종류는 많지만 우리에게 친숙하고 재미있는 사례들입니다.

1) 음소 도치

041   **먹고 싶은 게 맛있을 때**

배가되는 **행복, 농심** 베지가든

소리 자체가 아니라 소리의 자질(된소리, 거센소리, 성대 진동의 유무 등)이 비슷한 것끼리 서로 바꿔 발음하는 것부터 시작하겠습니다. 설명은 어렵지만 예시는 쉽습니다. '배가되는'과 '베지가든'에 주목해 주세요. 두 번째와 세 번째 음절의 모음 'ㅏ, ㅚ'가 'ㅣ, ㅏ'로 도치돼 있습니다.

이렇게 모음의 순서가 바뀌면서 발음이 도치되는 경우는 일반 도치와는 조금 다른 장점이 있습니다. 일반 도치가 뒷말을 앞으로 보내 생경한 도입으로 다음 내용을 궁금하게 만들고 강조하는 효과가 있다면, '음운 도치'는 '운율'이라는 강점이 있습니다.

운율의 강점이 뭐냐고요? 구조감과 리듬감을 주는 건데요. 자세한 내용은 4장의 운율 파트에서 소상히 다루겠습니다.

042   후라이드 키친(후라이드 치킨)

문썹눈신(눈썹문신)

통치 꽁조림(꽁치 통조림)

키노피오(피노키오)

앞서 소개한 베지가든과 유사한 사례입니다. 말이 꼬인 것처럼 보여서 우스꽝스러운 뉘앙스를 만들기 때문에 온갖 밈에서 활용되는데, 욕을 교묘하게 뒤바꿔 희화화하고 순화하는 방식으로도 자주 활용됩니다.

2) 음절 도치

043   캠릿브지 대학의 연결구과(캠브릿지
대학의 연구 결과)

스튜디어스(스튜어디스)

'단어 우월 효과word superiority effect'
라는 현상이 있습니다. 단어를 구성하
는 문자들이 비정상적으로 배열되어
도 주로 첫 글자와 마지막 글자가 올
바른 위치에 있으면 뜻을 인지할 수
있는 현상을 말합니다. 우리의 두뇌가
개별 글자가 아닌 맥락으로 단어를
인식하기 때문이라네요.

3) 단어 도치

044   어 추워라. 문 들어온다, 바람 닫아
라. 물 마른다, 목 들어라

소리 벗고 팬티 질러

중고로운 평화나라

단어끼리 자리를 교체하는 도치는 서
로 서술어 파트너를 바꾼다고 볼 수
있습니다. 이때 만들어지는 생경한 조
합들이 의외로 입에 잘 붙거나 또 다
른 의미를 만들어내서 재미를 주기도
하죠.

4) 애너그램

045   내 힘들다 → 다들 힘내

Stressed is Desserts spelled
backwards

Wonder Girls → World Singer

애너그램Anagram은 앞선 경우들과 달리, 도치됐을 때 무의미한 단어가 아닌 유의미한 새로운 단어가 되는 경우입니다.

'내 힘들다'라는 말을 뒤집어보니 '다들 힘내'라는 희망적인 말이 되었고, 'Stressed'의 스펠링을 반대로 해보니 'Desserts'가 되어 스트레스에는 달콤한 디저트가 제격이라는 뜻이 되었습니다. 원더걸스의 팬들은 'Wonder Girls'의 스펠링을 재배열해서 세계적인 가수라는 뜻의 'World Singer'로 바꿔 활용하기도 했습니다.

카피 TIP   영문 애너그램 만들기

영문 애너그램을 만들 수 있는 사이트입니다. 영문 카피를 써야 할 때 유용합니다.
애너그램 생성기(https://ingesanagram.com/)

미화법·열거법 등의 강조법과 돈호법 같은 변화법 등 미처 다루지 못한 수사학이 정말 많습니다. 다만 여기서는 초보자도 쉽게 카피에 활용할 수 있는 과장, 반복, 대립, 도치의 네 가지 수사법을 소개했습니다. 이것만 잘 활용해도 카피 좀 쓴다는 이야기는 들을 수 있을 겁니다.

본 게임은 지금부터입니다. 생각을 뒤틀어 프레임을 깨보기도 하고 세상에 나와 있는 강력한 표현들을 빌려볼 것입니다. 광고의 전체 구조를 바꾸는 방법도 소개할 예정이니 궁금하다면 먼저 다녀와 보셔도 좋습니다.

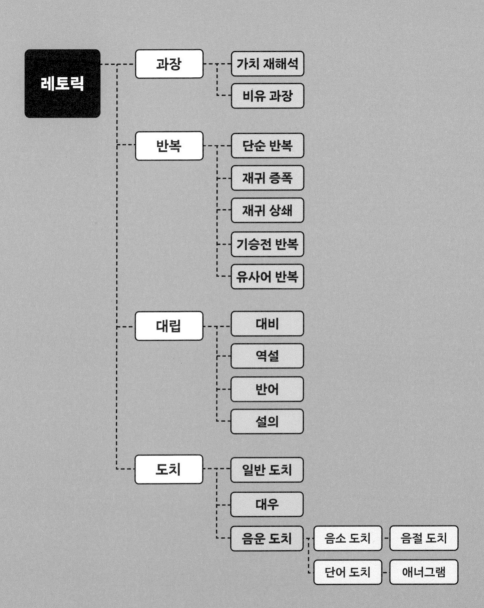

2장

역발상으로
프레임을 깨라

#프레임

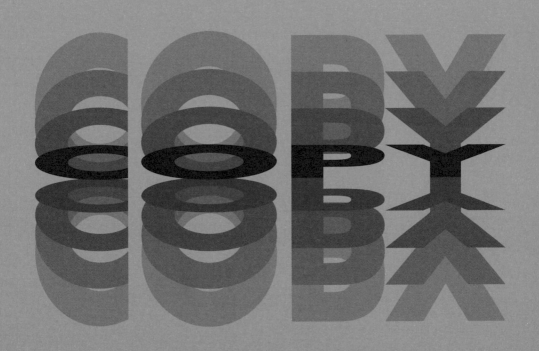

어떻게 뒤틀고,
뒤집고, 헤집을까

보통 생각은 순행합니다. 원활한 커뮤니케이션을 위해선 논리적인 생각이 중요하기 때문이죠. 그래서 생각의 방향을 바꿔 나아간 곳엔 사람들의 발길이 많이 닿아 있지 않습니다. 생경하면서 재미있는 생각이 그곳엔 아직도 많습니다.

이런 이유로 카피는 프레임을 깹니다. 재밌는 생각을 발견하려고 생각의 방향을 역행합니다. 프레임을 깨기 위해 '프레임' 자체를 다양하게 정의해 보기도 합니다. 관습적 사고, 갇힌 사고, 고정관념, 통념, 선입견, 편견, 틀 등 깰 수 있는 것들은 많습니다. 하지만 여기서는 '무엇을 깰까'보다 '어떻게 깰까'에 집중해 보겠습니다. 어떻게 뒤틀고 뒤집고 헤집을지요.

굳어진 통념과 내 생각을 단절시키며 인사이트를 얻거나, 생각의 흐름을 비틀어 반전을 노릴 수도 있습니다. 흐릿하던 공통점을 뾰족하게 드러내거나, 다른 이와 나의 경계에 날카롭게 선을 긋기도 합니다. 일어나지 않은 일을 가정해 보기도 합니다.

예를 들어보겠습니다. 한국에도 블랙프라이데이에 대한 인식이 커지면서 유통 공룡이라 불리는 신세계그룹은 '쓱데이'라는 그룹 자체 행사를 만들어 코리안 블랙프라이데이를 신세계그룹 브랜드만의 축제로 만들고 싶었습니다. 경쟁 브랜드보다 좋은 점을 잔뜩 모아 알려야 할 그때, 신세계는 이렇게 말했습니다.

---

046   이날은 신세계가 신세계와 경쟁하는 날. 대한민국 쓱데이

경쟁자와 경쟁하지 않고 우리끼리 경쟁하는 방법을 택했습니다. 소비자의 머릿속에서 선택권을 제한해 버렸습니다. 다른 브랜드와 선을 긋고 브랜드 내부로만 소비자의 인식을 돌린 사례입니다.

2장에서는 이렇듯 본격적으로 프레임을 깨는 아이디어를 다룹니다. 굳은 생각을 두드려 말랑하게 만들고, 탄성 있는 사고의 확장을 얻어 가길 바랍니다.

새로운 인식이
새로운 브랜드를 만든다

원자의 중심을 이루는 원자핵은 강한 힘으로 결속돼 있습니다. 과학자들은 원자의 결합을 깨면 매우 강한 에너지가 뿜어져 나온다는 것을 발견했고, 이는 핵폭탄의 원리가 됐죠.

브랜드의 새로운 인식을 만드는 일도 비슷합니다. 우리의 인식은 좁디좁은 관습적 사고에 갇혀 있습니다. 이 굳건한 통념은 강한 결속력을 갖고 있어서 어지간해서는 깨기 힘듭니다. 하지만 관습적 사고로부터 우리의 인식을 끊어 줄 수만 있다면? 그 파괴력은 굉장합니다. 우리의 인식이 새로운 브랜드 인식과 연결되면서 브랜드의 새로운 가치를 만들어내죠. 관습적 사고와 우리의 인식을 단절시켜 주는 게 바로 '인사이트'입니다. 그럼 어떻게 해야 강력한 단절의 힘을 만들어낼 수 있을까요?

기존에 없던 새로운 USP는 그 자체로 통념을 부수는 힘입니다. 몰랐던 진실을 알리거나, 잊고 있던 본질을 깨우쳐 주는 것도 인식의 고리를 끊기에 충분합니다. 홀로는 역부족이라면 생경한 결합을 통해 의외의 시너지를 만들 수도 있습니다.

인사이트는 깨달음을 줍니다. 오랜 궁금증이 일순간 해결되며 내적 만족을 얻게 됩니다. 인사이트를 활용한 메시지는 생각하지 못했던 궁금증을 떠올리게 해주고 동시에 그것을 풀어주는 과정을 짧은 순간에 경험하게 만듭니다. 그래서 조금 어렵더라도 일단 한번 이해하고 공감하면 소비자가 메시지에 동화되는 힘은 매우 강력해집니다.

통념을 부수는 새로움의 힘

#새로운 USP

새로움은 그 자체로 통념을 깨는 강력한 무기입니다. 브랜드가 제품·서비스·기술에서 새로운 USP를 갖고 있다면 소비자의 머릿속에 자리 잡는 일은 어렵지 않습니다. 기존의 통념을 부수고 그 자리에 들어가면 됩니다.

047 **매트리스 살 때 몇 번 앉아본다고**
나에게 딱 맞는 걸 고를 수 있을까요?
이제,
살 때 고민하지 말고
잘 때 고민하세요
스마트 매트리스 하나면
내 몸에 맞게 언제든 맞출 수 있으니까

우린 침대를 살 때 최대한 많이 앉아보고 누워보며 나에게 딱 맞는 것을 고르려고 합니다. 그런데 코웨이 매트리스는 좌우뿐만 아니라 어깨, 등, 허리, 다리 등 부위별로 경도를 조절할 수 있습니다. 굳이 침대를 살 때 이런저런 고민할 필요 없이 그때그때 내 몸에 맞게 맞출 수 있는 기술을 새로움으로 내세운 것이죠.

우리에게 바람은

나아가게 하는 힘

(공기 저항을 최소화한 에어로

다이내믹 디자인)

중력은

끌어올리는 힘

(노면에 밀착, 압도적으로

치고 오르는 주행력)

관성은

이끌어가는 힘

(고속도로 주행 보조 2)

어떤 저항도

우리의 에너지로 만든다

가장 역동적인 EV의 이름

The new EV6

자연은 호락호락하지 않습니다. 빠르게 달리려면 바람과 중력, 관성을 이겨내야 합니다. 이를 위해 많은 에너지가 필요하죠.

하지만 새로 출시된 기아의 EV6는 자연의 법칙을 뒤집어 버립니다. 저항마저 에너지원으로 바꿀 수 있는 기술력을 갖췄으니까요. 기술이 근사하다면 메시지는 더더욱 근사해집니다.

홍대에서

소개팅 맛집 **찾는 사람도**

회식 맛집 **찾는 사람도**

모임 맛집 **찾는 사람도**

왜 다들 '홍대 맛집'만

검색하고 있을까?

맛집 검색을 넘어

상황까지 캐치하는 능력

맛집 플랫폼 ○○

맛집을 찾을 때 보통은 몇 가지 키워드만 검색해서 찾지만, 알고 보면 원하는 조건이 의외로 많습니다. '그냥 맛집'이 아닌 소개팅이나 회식, 모임 등을 할 만한 구체적인 상황에 어울리는 장소를 알고 싶은 것이죠.

이 플랫폼에선 원하는 조건을 넣어 맛집을 세밀하게 검색할 수 있는 복합 검색 서비스를 내놨습니다. 원하는 키워드를 전부 넣으면 거기에 맞는 맛집을 정확히 골라줍니다. 기존의 맛집 검색과 차별화된 서비스를 잘 전달하고 있습니다.

사람들에게 진실을 일깨워라

(#몰랐던 진실)

간혹 우리가 알고 있던 통념을 뒤집는 발견을 할 때가 있습니다. 제가 얼마 전에 발견한 건 '사실 잠이 많은 사람은 없다'는 것입니다. 잠이 많다는 건 잠이 부족하다는 뜻이었죠. 이처럼 기존의 통념을 깨는, 잘 알려지지 않았던 사실을 발견하면 인사이트가 담긴 메시지를 쉽게 만들 수 있습니다. "가짜 잠이 많은 당신에게 진짜 잠을 채워주는 수면 솔루션"처럼요.

050

청소할 때
가습할 때
요리할 때
'사용 자제를 권고드립니다'라잖아?
그럼 도대체 언제 쓰라는 거야?
**정작 필요할 때 제대로 쓰지 못했던
공기청정기의 한계
나비엔,
환기청정의 기술로 넘어서다**

공기청정기에는 청소하거나 요리할 때 쓰지 말라는 주의 사항이 있다는 걸, 저도 이 광고를 보고 알았습니다. 아이러니 그 자체였죠. 이 사실을 안 이상, 더이상 공기청정기를 쓰면 안 되는 걸까요?
하지만 경동나비엔의 '환기청정기'는 그렇지 않다고 말합니다. 특별한 기술로 청소할 때든 요리할 때든 마음껏 틀 수 있다는 거죠.

왜 수분을 채우려 했지?
피부는 워터프루프인데

**메마른 피부에 진짜 필요한 건,
유단백 보습**
속 당김 없는 겨울 보습의 완성
뉴오리진 디어리스트

우리는 피부에 보습을 하려면 물을 채워야 하는 줄 압니다. 여기선 '피부는 워터프루프'라는 몰랐던 사실을 알려주고, '유단백 보습'을 새롭게 제안하니 설득력이 생깁니다.

카피 TIP 새로운 발상을 위해 멀리서 가져오기

새로운 발상을 위해 우리가 익히 아는 방식으로 생각을 펼쳐나가는 것도 좋지만 아주 멀리 있는 것을 억지로 붙여보는 것도 좋습니다. '은테 안경'으로 생각해보겠습니다. '안경 → 은테 → 얇다 → 젓가락…' 은테 안경을 젓가락보다 얇고, 젓가락으로 들 수 있을 만큼 가볍다고 표현할 수 있을 것 같습니다.

뜬금없는 것과 결합해 볼 수도 있습니다. 코끼리와 은테 안경을 붙여볼까요? 코끼리와 은테 안경 사이의 중간 다리를 생각해 봅니다. 문득 〈열반경〉이라는 불경에 나오는 군맹무상群盲撫象의 예시가 생각나네요. '장님이 코끼리 만지는 격'이라는 뜻으로, 코끼리 다리만 만지거나 코만 만지고선 그게 코끼리의 전부라고 우긴다는 겁니다. 시야가 좁으면 자기 주관대로 사물을 판단한다는 뜻이죠. 이러한 생각을 바탕으로 이 은테 안경을 쓰면 시야가 넓어진다고 해볼까요?

"○○안경을 쓰세요. 코끼리 다리가 코끼리가 되고, 코끼리 몸통이 코끼리가 되고, 코끼리 코가 코끼리가 될 수 있습니다. ○○안경으로 더 넓은 시야를 가져보세요!"

당연한 것이 때론 당연하지 않다

#잊었던 본질

우리가 알고는 있었지만 다른 쪽으로 생각이 굳어져 더 이상 떠올리지 못했던 생각을 끄집어내는 방법입니다. 잊었던 본질을 되살리면 어긋난 통념을 바로잡으면서 인사이트를 만들 수 있습니다.

---

052 **매일 한 줄로 충분한**

○○ 데일리 노트

그래, 일기는 원래 쉬운 거였어

일기는 매일 쓰는 것입니다. 쓰는 것 자체는 어렵지 않습니다. 매일, 많이 적으려는 욕심에 일기가 어렵다고 관습적으로 생각한 것이죠. 매일 한 줄만 쓴다면 일기가 쉽게 느껴지겠죠. 잊었던 본질을 일깨워 당연한 것을 당연하게 만들었습니다.

> **카피 TIP** **몰랐던 진실과 잊었던 본질의 차이**
> '몰랐던 진실'과 '잊었던 본질'의 경계가 모호하게 느껴질 수 있습니다. '몰랐던 진실'은 몰랐지만 원래 사실이었던 걸 발견하는 것, '잊었던 본질'은 이미 알고 있었지만 사고가 굳어 생각할 수 없게 된 것을 끄집어내는 데 차이가 있습니다. '피부가 워터프루프'라는 건 누구나 원래부터 알고 있던 사실은 아니지만 '일기가 쉽다'는 건 누구나 원래부터 알고 있던 사실입니다.

053 진정한 혁신은 당연해지는 것입니다

나의 아이폰에서 보냄

아이폰을 대상으로 임의로 적어본 카피입니다.

혁신이라고 이름 붙은 것에 새로움을 기대하는 건 너무 당연한 일입니다. 이름부터 가죽 혁革에 새 신新 글자를 사용한 '혁신'이니까요.

하지만 과거에 혁신 중에서도 혁신이었던 것들이 지금은 어떤 모습인지 생각해 봅시다. 바퀴, 전구, 종이, 컴퓨터나 스마트폰. 그야말로 인류에게 혁신이었던 것들이 지금은 우리 삶에서 당연한 것들이 되었습니다.

---

054 빨리 취업해야 되는데
학원을 알아봐야 되나
포폴은 어떻게 만들고
이력서는 또 어떻게 준비하고
이게 다 돈인데⋯
이게 말이 돼?

취업 준비에는 돈이 많이 듭니다. 강의도 듣고 책도 사야 하죠. 나를 위한 투자라고 생각할 수도 있지만 미래를 돈으로 산다는 느낌을 지울 수 없습니다. 그래서 내일배움캠프에선 내일을 돈으로 사지 말라고 말합니다. 내일은

내일은 원래 무료다

IT 업계 취업

내일배움캠프에선 교육비 0원

원래 무료라고요. 정부에서 교육비를 지원해 준다는 메시지를 인사이트 있게 풀어냈습니다.

조금 더 들어가면 '내 일my job'까지 욕심낼 수 있었을 텐데 복잡하지 않게 '내일tomorrow'로만 풀어낸 점도 담백하고 좋습니다.

---

055 수학 문제를 틀리는 걸
두려워하지 마라

틀리면서 일어서는 법을 배우고

일어서면서 틀리지 않는 법을 배우기

때문이란다

보통 수학 문제를 풀 때는 맞혀야 한다고 생각합니다. 답이 있는 과목이라고 여기니까요.

하지만 공부의 본질은 '모르는 걸 알기 위함'입니다. 모르는 걸 알게 되는 것은 맞은 문제에 동그라미를 치면서가 아니라 틀린 문제를 분석하면서입니다. 배움은 틀리면서 얻어지기에 틀리는 것에 대한 두려움을 내려놓으라고 이야기합니다.

의외의 만남을 성사시켜라

(#생경한 결합)

영화 〈업〉은 고집 센 할아버지와 모험심 많은 꼬마의 우정을 그리고 있습니다. 영화 〈그린 북〉에서는 천재 피아니스트 흑인과 다혈질 건달 백인의 우정을 그렸고요. 이처럼 서로 만날 일 없을 것 같은 요소들이 결합하면 세상에 없던 결과물이 생겨납니다. 그것은 새로운 USP와 마찬가지로 그 자체만으로 사고의 프레임을 확장시키는 인사이트가 됩니다.

완벽을 추구한 여정의 완성

마침내 마주한 세계

'ZERO'

누구도 소유한 적 없는 하늘

무엇도 정해지지 않은 미래

이것은, 완벽한

그러나 새로운 시작

EPISODE. ZERO

다시, 말하는 섬으로

리니지M

리니지M 게임은 새 서버를 오픈하면서 새로운 월드 참여를 독려합니다. 아직 주인이 없는 서버를 선점하라고요. 새로운 월드의 그 무엇도 아직 누군가의 소유가 아닙니다. 모든 것을 뒤덮고 있는 하늘조차 말이죠. 그러면서 '소유'와 '하늘'이라는 개념을 함께 붙였습니다.

누군가 하늘을 소유하게 된다면? 쉽게 상상해 보기 어렵지만 그 세계는 정말 그 사람의 것일 듯합니다.

057
주소만 한국이다
우송이 유학이다

'한국'에 있는 대학교와 '유학'을 붙였습니다. 유학은 해외로 떠나는 것인데 말이죠. 우송대학교는 한국에 있지만 해외처럼 글로벌한 환경 조성이 잘 되어 있다는 뜻입니다.

058
"달콤한 시한폭탄"
언제 터질지 모른다.
그래서 늘 초조하다.
샤인머스캣 재배는 농장의 생계가 달린 모험이다.
일반적인 수확 시기가 지나면 당도는 올라갈 수 있지만 열매가 떨어질까 속이 타들어 가기 시작한다.
농사를 망쳐 쓴맛을 보거나
기다림 끝에 꿀맛을 보거나
마침내
달콤한 폭탄이 입 안에서 터진다.
맛을 위한 모험을 두려워하지 않는 힘
그게 국산의 힘

이마트에서 국산 프리미엄 농수산 식품을 소개하는 프로젝트를 진행했습니다. 다양한 식품 중 샤인머스캣을 소개할 때는 '시한폭탄'과 붙여서 생경함을 만들었습니다. 왜일까요?
수확 시기를 잘 맞추면 잭팟이 터지지만 시기가 이르면 맛이 없고 늦으면 열매가 떨어지기 때문입니다. 언제 터질지 모르는 리스크를 감수하면서 농사를 감행하는 모험심이 국산 농수산업의 힘이기에, '달콤한 시한폭탄'이라는 표현을 붙인 것입니다. 샤인머스캣의 달콤함이 입에서 터진다는 뜻도 되기에 일석이조입니다.

카피 TIP **생경한 결합에 숨어 있는 논리**

창의와 논리는 반대 선상에 있다고 생각하기 쉽지만 기발함도 언제나 최소한의 논리를 바탕으로 합니다. 방금 예시에서도 '소유 → (땅) → 하늘' '한국 → (주소) → 유학' '달콤 → (수확 시기) → 시한폭탄'처럼 생경한 결합들을 이어줄 수 있는 매개가 존재합니다.

'A-B-C-D-E-F-G'라는 논리 구조를 가정해 보겠습니다. A는 생각의 단초이고, G는 창의적인 결과물입니다. 과정을 생략하고 'A=G'라는 결과물만 보게 되면 '오! 창의적이네?'라고 생각할 수밖에 없습니다. 하지만 퍼뜩 떠오른 생각이 논리 없이 창의적인 결과물로 이어지는 경우는 드뭅니다. 대부분의 경우 논리 과정을 건너뛴 것이 아니라 생각의 흐름이 순서대로 흐르지 않은 것입니다. A, B, C까지 생각했지만 D, E는 건너뛰고 바로 F가 생각나기도 합니다. 그러다 퍼뜩 D가 떠오르면 E라는 중간값, 혹은 F라는 결괏값과 이어질 수도 있습니다. 이 경우 순간의 기지로 창의적인 결과물을 만들어냈다고 여기겠지만, 이미 중간 다리를 많이 확보해 놓았기에 빠져 있던 퍼즐이 맞춰진 것뿐입니다. 예를 들어 〈원숭이 엉덩이는 빨개〉 노래에서 생각의 흐름은 "원숭이 엉덩이 → 빨갛다 → 사과 → 맛있다 → 바나나 → 길다 → 기차"로 이어집니다. 이 순서대로 연상할 수도 있지만 '바나나' 뒤에 '기차'를 먼저 떠올린 후 '길다'가 나중에 생각날 수도 있는 것처럼 말입니다.

여기에 수직적 사고가 더해져 깊이의 차이를 만듭니다. 빨갛다는 속성은 사과, 체리, 자두, 홍시의 다양한 빨간색의 색감으로, 바나나라면 긴 바나나, 하얀 바나나, 껍질이 변색된 바나나 등 바나나의 상태를 다양하게 떠올려 볼 수 있습니다. 수직적 발상의 확장도 마찬가지로 생각의 순행과 역행을 오갑니다. 수직적이고 수평적인 발상을 순행과 역행으로 조합하면서 치밀하게 논리를 직조하다 보면, 뉴턴과 아르키메데스처럼 떨어진 사과에서 중력을 발견하고, 욕조에 넘친 물에서 부력의 원리를 발견해 유레카를 외칠 수도 있겠죠.

생각의 총량이 많고 중간 다리를 많이 확보해 놓을수록 역행적 사고의 속도를 높여 순행적인 논리 구조를 빠르고 탄탄하게 완성할 수 있습니다. 쉽게 말해 평소에 많이 보면서 쟁여놓고 회의 준비를 오래 하면 좋은 아이디어가 나올 가능성이 높다는 거죠.

생각의 흐름 비틀기

이번에는 생각의 흐름을 비트는 방법인 '반전'을 소개합니다. 앞서 여러 프레임과 그것을 깨는 '인사이트'를 소개했습니다. "이제부터는 그 뜻이 아닙니다"에 가까웠습니다. 우리의 인식을 관습적인 사고와 끊어내는 '통념을 깨는 무언가'였습니다.

'반전'은 "사실은 그 이야기를 하는 게 아닙니다"에 가깝습니다. 맥락마다 단어의 뉘앙스가 달라지는 점을 활용하거나, 중의어를 활용하기도 합니다. 우리가 익히 아는 표현을 살짝 바꿔 반전을 주기도 합니다. 그래도 반전계의 든든한 국밥은 역시 예상을 비트는 겁니다. 사고의 흐름을 비틀어 생경함을 주는 사례들을 소개합니다.

아무도 예상하지 못하게 움직여라

반전계의 국밥 '예상 비틀기'를 먼저 설명하겠습니다. 앞말과 일치하지 않는 뒷말을 붙이는 방법입니다. A → B가 일반적인 흐름이라면 A 뒤에 나오는 B를 예상치 못한 다른 것으로 바꾸는 식입니다. B의 속성을 대체할 수 있는 B′가 오거나(A → B′), B와 아예 대척점에 있는 ~B가 오기도 합니다(A → ~B). A와 B를 도치시킨 B → A 구조를 만들고 그 흐름을 비틀기도 합니다. B라는 결과를 만들었을 법한 A라는 원인을 예상치 못하게 바꿔보는 겁니다(B → ~A).

1) A → B′

먼저 A → B′ 흐름입니다. A 뒤에는 B가 예상되지만, B의 속성을 대체할 수 있는 내용이 붙습니다.

---

059 **세상이 이렇게 빠르게 바뀌는데**

타이어는 어디까지 왔니?

넥센까지

"타이어는 얼마나 발전했을까?"라는 질문을 받는다면 일반적인 '타이어의 기술적 발전'을 먼저 생각하기 마련입니다. 하지만 이 광고에서는 타이어가 '넥센까지' 발전했다고 말합니다. 넥센이 이룬 기술의 발전까지가 타이어의 발전이고, 우리가 타이어 기술을 선도하는 브랜드라는 거죠.

---

060 메기와 변호사의 차이점이 뭔지 알아?

하나는 진흙탕에서 먹잇감을 찾고
다른 하나는 물고기야

비슷한 사례를 하나 더 보겠습니다. 미국에는 변호사와 관련된 유머가 많은데요. 그중 하나를 가져와 봤습니다. 우선 저는 변호사분들을 매우 존경한다는 사실을 알립니다.

메기와 변호사의 차이점을 말할 때 둘 중 하나는 "진흙탕에서 먹잇감을 찾는다"라고 설명하면 사람들은 자연스레 '그건 메기겠군'이라고 생각할 것입니다. 하지만 뒤에 "다른 하나는 물고기다"라는 대답으로 반전을 줘서 앞서 말한 진흙탕에서 먹잇감을 찾는 것이 사실은 변호사였다는 메시지를 전달하죠. 대답의 전반부에 B를 예상하도록 빌드업을 해놓으면 A → B′ 흐름이 더 극적으로 보입니다.

2) A → ~B

A 뒤에 B가 아닌 B와 반대되는 ~B가 붙는 흐름입니다.

---

061 **이 시대의 뮤즈, 라고?**

하나의 시대로
한정 짓지 마

시간이 갈수록
새로운 생명력을 가질 테니까

지금 내, 피부처럼

이 브랜드에서는 에센스 제품을 론칭하면서 전지현급의 톱 모델을 내세우고 규모 있는 캠페인을 만들고 싶었습니다. 그래서 톱 모델과 제품을 동기화하고 그들만의 자신감을 내비칩니다. 당대 최고의 스타에게만 허락되는 '이 시대의 뮤즈'라는 수식어는 누구나 반기겠지만 여기서는 이마저도 단숨에 거절해 버리죠. 모델로나 제품에서나 올타임 레전드가 될 자신이 있거든요. '이 시대의 뮤즈'라는 타이틀조차 거부하는 반전 구조는 아무에게나 성립시킬 수 없습니다.

---

062 미래로 가려면 어디로 가야 할까?
앞으로?
아니 안으로

미래가 어디에 있느냐는 질문을 받으면 아마도 앞쪽을 가리킬 것입니다. 하지만 SK엔무브는 밖이 아니라 안을 가리킵니다. 그곳이 SK엔무브가

안에서부터 에너지를 덜 쓰게 되면
우린 더 먼 미래로 갈 수 있을 테니까
그래서 SK enmove

자신 있는 영역이고, 그들이 그리는
미래도 그곳에 있기 때문입니다.

3) B → ~A

B → ~A 흐름은 결과를 먼저 보여주고 유추되는 원인을 바꿉니다. B → A 구조에서 B라는 결과 뒤에 예상되는 A라는 원인이 아닌 ~A라는 반대되는 원인을 붙입니다.

063 **엄마: 배 봐라, 배! 살 좀 빼라니까!**

(찰싹)

아들 내레이션: 오늘 엄마한테 맞고 울었다. 하나도 안 아파서. 울 엄마 힘이 너무 없어져서

어머니는 끼니가 힘입니다
의사의 지시로 사용하는 뉴케어
이제 아드님이 챙기세요

누군가 맞아서 울었다고 말한다면 아프거나 서러워서 그랬다고 생각할 것입니다. 하지만 광고에선 오히려 하나도 아프지 않아서, 엄마가 힘이 없어져서 울었다고 합니다.
'맞고 울었다 → 아프고 서러워서'를 '맞고 울었다 → 안 아파서 → 엄마가 힘이 없어서'로 비틀었습니다. B → A 구조로 시작되기에 도치를 활용한 사례이기도 합니다.

맥락을 잡아 비틀기

#뉘앙스 활용

여러 맥락으로 활용되는 단어를 중간 브리지로 활용해서 앞뒤 흐름을 비틉니다.

---

064 **어? 다 떨어졌네?**

없다, **놀랄 필요도**

여기 밥이 하나 남아 있었는데?

없다, **기다릴 필요도**

네이버는 내일 도착

네이버도착보장

기본 문장은 "어? 다 떨어졌네? 놀랄 필요도 없다"입니다. 그런데 '없다'를 도치시켜서 "없다, 놀랄 필요도"로 만들면 그 앞 문장 "다 떨어졌네?"와 "없다" 또한 자연스럽게 이어집니다. '없다'라는 표현이 자연스럽게 두 가지 문장에서 활용되도록 만들었고, 단어를 기점으로 맥락이 바뀌며 반전을 만들었습니다.

같은 발음 다른 뜻으로 반전 주기

(#중의어)

같은 발음이지만 서로 다른 뜻의 단어로 앞뒤 흐름을 비틉니다. 앞서 낱말의 미묘한 뉘앙스 차이를 활용해 앞뒤 흐름을 비틀었는데요. 여러 뜻을 가지고 있는 중의어를 활용하면 조금 더 쉽게 반전을 줄 수 있습니다. 중의어에 관한 내용은 3장에서 더 자세히 살펴볼 예정이니 여기서는 반전을 주는 방법 중 하나로 중의어를 활용할 수도 있다는 것만 알고 넘어가겠습니다.

---

065 **꿈을 포기하지 마세요.**
계속 자세요. 깨지 않고. 푹.

수면 클리닉 광고입니다. '꿈'이라는 중의어를 활용해 비틀었습니다. "꿈을 포기하지 마세요"라는 앞 내용은 미래의 희망을 가지라는 이야기 같지만 뒤에 오는 문장을 읽어보면 사실 밤에 잘 때 꾸는 꿈을 이야기하며 숙면을 뜻한다는 것을 알 수 있습니다.

유명한 표현 비틀기

#패러디 비틀기

우리가 아는 유명한 표현을 마지막에 조금 비틀어 반전을 줍니다. 속담이나 노래 가사 등을 활용하면 좋습니다.

066

new designer outfit: $250
(디자이너 신상 의류: $250)
new lipstick: $35(새 립스틱: $35)
evening bag: $90(이브닝 백: $90)
the look on your ex-boyfriend's face: priceless
(전 남자친구의 얼굴 표정: 값을 매길 수 없음)

There are some things money can't buy. For everthing else, there's Master Card.
(돈으로 살 수 없는 것들이 있죠. 그 밖에는 전부 마스터카드로 가능합니다.)

영어 격언 중에 이런 표현이 있습니다. "There are some things that money can't buy, like manners, morals and intelligence.(돈으로 살 수 없는 몇 가지가 있는데, 예의, 도덕, 그리고 지성과 같은 것들이다.)"

마스터카드는 이 격언의 후반부를 틀어 반전을 만들었습니다. 돈으로 살 수 없는 몇 가지만 빼고 전부 마스터카드로 살 수 있다고 말이죠. 전 남친의 후회하는 표정은 값을 매길 수 없지만 내 모습을 멋지게 바꾸는 데 필요한 돈은 계산이 선다는 메시지입니다.

067 어머니는 요리하기 싫다고 하셨어

여름이 되면 주방은 찜질방이 되니까

그래서 비비고가 합니다

"어머님은 자장면이 싫다고 하셨어" 라는 가사를 조금 바꿔서 뒤의 내용까지 재밌게 비틀었습니다. 나도 모르게 뒤에 나오는 카피를 음에 맞춰 불러본 건 저뿐일까요?

이 책이 30년 뒤에도 읽히게 되어서 이 노래를 모르는 분이 있을까 봐 말씀드리자면, 유명 아이돌 그룹 GOD 의 〈어머님께〉 가사입니다.

---

068 정 주고

마음 주고

돈도 줬죠

(오다 주웠다)

마음을 담은 메시지와 함께 송금

쉽다, 빠르다, 돈이 된다

직관적 금융생활

하나원큐

"정 주고 마음 주고 사랑도 줬지만" 이라는 〈얄미운 사람〉의 노래 가사를 빌려다 마지막을 비튼 문장입니다. 정 주고 마음도 줬으니 사랑을 줘야 할 타이밍인데 돈을 줬다고 합니다. 하나원큐의 '내 마음 송금' 서비스는 송금하면서 마음이 담긴 메시지를 적어 보낼 수 있거든요. 돈에 메시지까지 담아서 주다니 정말이지 사랑이 아닐 수 없습니다.

나에게 유리하게
판을 다시 짜라

최인철 교수의 『프레임』에 따르면, 효과적인 광고는 '대상에 대한 판단 judgement of an object'을 바꾸는 것이 아니라 '판단의 대상an object of judgement' 자체를 바꾼다고 합니다. 시장에서 규정하는 선을 지우고 우리 브랜드만의 선을 다시 그을 수 있습니다. 유리한 프레임을 씌운다고도 하고, 판을 다시 짠다고도 하고, 선 긋기라고도 하는데요. 광고선 주로 비교 대상을 동종의 경쟁 브랜드가 아닌 다른 무언가로 바꾸는 방식을 사용합니다.

그럼 어떨 때 선을 다시 긋고 싶을까요? 선도 브랜드로서 시장의 파이를 키우고 싶다면 우리가 속한 판을 다시 짤 수 있습니다. 혹은 경쟁 브랜드보다 우리에게 유리하도록 선을 다시 그을 수 있습니다. 브랜드의 제품이나 서비스가 완전히 차별화된다면 새로운 니치 시장을 열어 판을 뒤흔들 수도 있습니다.

이게 그냥 커피라면, 이게 T.O.P야

#현재 카테고리와 선 긋기

우리가 속한 현재 카테고리와 선을 그으며 몸집을 부풀리는 방법입니다. 우리가 유리할 때든 경쟁 브랜드가 유리할 때든 시도해 볼 만한 전략입니다.

---

069 여자: T.O.P? 리얼 에스프레소가 뭐지?
남자: (이마에 살짝 키스하고) 이게 그냥 커피라면, (입술에 딥 키스하며) 이게 T.O.P야.

진하게 즐겨라
리얼 에스프레소 맥심 T.O.P

T.O.P 론칭 광고는 선 긋기의 교과서입니다. T.O.P는 리얼 에스프레소로 진하게 만들었기 때문에 그냥 커피가 아니라고 말합니다. 모델로 원빈 배우와 신민아 배우를 캐스팅해 딥 키스에 비유한 건 조금 반칙이라는 생각까지 들었죠.

이 광고 이후 "이게 그냥 커피라면, 이건 T.O.P야"라는 말이 한동안 밈이 됐습니다. "이게 그냥 커피라면, 『커피도둑』은 T.O.P야"라는 말도 생기길 바라봅니다.

070 **중고차는 못하는 것, ○○는 합니다**

중고차를 사고팔 수 있는 플랫폼인 ○○중고차라는 임의의 브랜드를 상상해 봤습니다. 중고차 판매 브랜드인데 왜 중고차 시장을 부정적으로 이야기할까요?

사실은 그 카테고리에 속하는 다른 경쟁 브랜드들과 선을 긋고 있습니다. ○○중고차의 기술력과 가치가 이미 중고차라는 틀 안에서는 경쟁 브랜드를 압도한다고 말하고 싶기 때문입니다.

071 **오직 다이슨만이 다이슨처럼 작동합니다**

업계의 혁신 그 자체인 다이슨 등장 이후 다이슨을 따라 하는 아류들이 많이 생겨났죠. 아류들과 선을 긋기 위해 다이슨은 말합니다. 나처럼 할 수 있는 건 오직 나뿐이라고요.

072   독일차보다 놀라운 독일차

일명 '독삼사'로 불리는 독일 자동차
회사 BMW, 벤츠, 아우디는 누구나
선망하는 브랜드입니다. 소위 잘나가
는 수입 차의 대명사들이죠.

아우디는 그중에서 내가 제일 잘나간
다고 말하고 싶었습니다. 그래서 독일
차지만 다른 독일차보다 더 놀라운 것
이 바로 아우디라고 선을 그었습니다.

지구에는 더 이상 경쟁자가 없으니까

(#큰물에서 놀기)

우리 브랜드를 평가하는 기준 자체를 바꿔버릴 수도 있습니다. 경쟁 브랜드와는 다른 기준으로 평가받겠다는 자신감입니다.

---

073 **글로벌 기업? 그래봤자 지구 레벨 이야기**

히가시오사카 우주개발협동조합 카피입니다. 우주를 개발하는 브랜드에게 선을 긋는 일은 쉬울지도 모르겠습니다. 지구에서 아무리 글로벌을 외쳐도 더 큰 우주를 바라보고 있는 브랜드에게 선 긋는 일은 우주에서 공중제비 돌기만큼 쉬워 보입니다.

---

074 **#우주를 향해 자사 브랜드 광고를 쏘아보내며**
내레이션: 누군가에겐 무모할지 모르는 이 도전이
○○반도체에겐 너무도 당연한 이유
지구에는 더 이상 경쟁자가 없으니까

경쟁 브랜드보다 낫다는 메시지에 아이디어까지 붙였습니다. 경쟁자와 같은 평가를 받고 싶지 않기 때문에 무려 지구에는 더 이상 경쟁자가 없다고 말합니다. 더 큰물에서 놀겠다는 메시지를 풀어냈습니다.

스팸이거나 또 스팸이거나

#우리끼리만 비교하기

해당 제품군의 구매 고려군을 우리 브랜드의 제품들로 한정합니다. 경쟁 브랜드를 소외시킬 수도 있고 우리끼리만 싸우겠다며 이목을 끌 수도 있습니다.

---

075 스팸 클래식이거나

스팸 25% 라이트이거나

밥상에 올라가는 햄 제품류는 스팸 중에 고를 수밖에 없다고 말합니다. 어차피 1등인 스팸 클래식이나 조금 더 건강한 저염 버전 25% 라이트 중에서 골라야 한다는 거죠. 이렇게 당당하고 자신감 있어도 1등이니 끄덕끄덕하게 됩니다. 우리끼리 선 긋기가 한결 수월합니다.

---

076 뽑자, 대한민국 맥통령!

기호 1번. 깊은 맛의 클래이맥스 Max

기호 2번. 날카롭게 팍! 드라이 d

하이트진로에서는 아예 자사 맥주 브랜드들로만 맥주 대통령 선거를 치렀습니다. 맥스와 드라이 d 외에 다른 맥주들은 아예 후보에도 올리지 않는 냉정함을 보여줬네요.

나이키의 경쟁자는 닌텐도다

#다른 카테고리와 붙이기

비교 대상을 의외의 다른 카테고리와 붙입니다.

---

077 **나이키의 경쟁자는 닌텐도다**
아디다스가 아니다

나이키는 스포츠 시장 파이에만 갇혀 있으면 안 된다는 걸 깨달았습니다. 스포츠에 할애할 시간을 빼앗아 가는 수많은 다른 경쟁자가 있다는 걸 알게 됐죠.

그래서 선포합니다. 스포츠 브랜드의 대표 경쟁자는 닌텐도이며 앞으로는 그들과 소비자의 시간을 점유하는 싸움을 할 것이라고요. 그리고 그 역할은 당연히 스포츠 선도 브랜드인 우리 나이키가 하겠다고 말입니다.

침대가 아니다, 나이트케어다

(#새 카테고리 만들기)

기존 카테고리가 아닌 아예 새로운 카테고리를 만들 수도 있습니다.

078   침대가 아니다. 나이트케어다

○○가구는 소비자가 매트리스를 구매 및 렌탈하면 케어까지 해주는 구독형 서비스를 내놨습니다. 그러면서 그들이 소비자에게 파는 것은 침대라는 한정된 제품이 아닌, 사후 서비스까지 포함된 나이트케어라고 하며 새로운 시장 창조를 선언합니다.

이 경우 기존 시장의 파이를 조금 떼다 차린 터라 소비자의 심리적 저항도 덜할 수 있습니다.

건조기의 크기가 아니라 깨끗함의 크기

#다른 가치로 정의하기

업계 내에서 아무도 갖지 못했던 새로운 가치가 담겨 있다고 말합니다. 보통 새로운 기술을 선보일 때 기술이 가진 가치를 재정의하게 됩니다.

---

079 **침대는 가구가 아닙니다**
과학입니다

브랜드의 기술력이 훌륭하기 때문에 에이스침대는 더 이상 가구가 아닌 과학의 영역에 있다고 말합니다. 브랜드를 새로운 가치로 정의하는 데 있어 바이블 같은 카피입니다.

---

080 **AI를 만들지 않는다**
문명을 만든다

IT 기업으로 적용해 볼까요? 그들의 뛰어난 기술력은 AI가 아닌 문명의 영역이라네요.

---

081 **우리가 키운 건**
단지 건조기의 크기가 아니라
깨끗함의 크기

심화 버전입니다. 삼성 그랑데는 건조기가 아니라 깨끗함을 만들었다고 합니다. 그래서 용량을 늘린 건 깨끗함의 크기를 늘린 거라고, 기술의 진화까지 자연스럽게 녹여냈습니다.

빗물, 새벽안개, 폭포 그리고 참이슬

(#비슷한 가치에 붙이기)

우리 브랜드가 가진 USP를 경쟁 브랜드와 비교하는 게 아니라 다른 무언가와 비교합니다. 비슷한 가치를 주는 다른 것과 비교해서 우리 브랜드를 아예 다른 물에서 놀게 하며 자연스럽게 경쟁자를 배제하는 방법입니다.

082 저마다 상쾌함을 뽐내는

방금 내린 빗물과

이른 새벽안개

꼭대기 폭포까지

하지만

상쾌함의 끝에 있는건

이슬

이슬 한 방울

한 방울의 상쾌함

참이슬

참이슬 소주를 가지고 임의로 적어본 카피입니다.

처음처럼 같은 다른 소주 브랜드와 비교하지 않고 빗물, 새벽안개, 폭포와 비교했습니다. 자연스럽게 다른 경쟁 브랜드를 배제하고 참이슬에만 집중하게 만듭니다.

묶거나
제외하거나

학생 10명이 있습니다. 똑똑한 A그룹과 옷 잘 입는 B그룹이 있고 A그룹과 B그룹을 한데 묶어 A와 B의 합집합(A∪B)이라고 합니다. 똑똑한 A그룹은 6명이고 옷 잘 입는 B그룹은 7명입니다. 어라? 학생은 총 10명이었는데요.

똑똑한데 옷까지 잘 입는 그룹을 A와 B의 교집합(A∩B)이라고 합니다. 이들을 따로 묶어 C그룹이라고 합니다. C그룹은 3명입니다. 그럼 똑똑하기만 한 A그룹 학생은 3명, 옷을 잘 입기만 하는 B그룹은 학생은 4명이 되겠네요. 이들은 차집합(A-B, B-A)이라고 합니다.

C그룹에 있는 학생들을 가리켜 "똑똑하고 옷을 잘 입어요"라는 합집합 화법으로, "똑똑한데 옷까지 잘 입어요"라는 교집합 화법으로 말할 수도 있습니다. 더 구체적이고 선명하게 드러내려면 합집합보단 교집합 화법으로 말하는

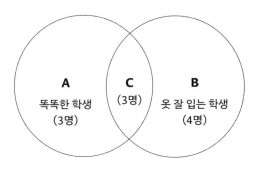

A
똑똑한 학생
(3명)

C
(3명)

B
옷 잘 입는 학생
(4명)

게 좋습니다. "똑똑하고 옷을 잘 입어요"라는 말은 자칫 A그룹의 6명과 B그룹
의 7명을 합쳐 총 13명이 있다는 것으로 잘못 전달될 수도 있으니까요. 마찬가
지로 똑똑한 학생들을 설명할 때 C그룹을 제외한 순수한 A그룹만 이야기할 수
도 있습니다. "옷이 아니라 뇌가 멋진 친구들"이라고요.

이번 파트에서는 교집합으로 묶거나 차집합으로 제외해서 선명하게 장점을
드러내는 사례를 소개합니다.

장점을 더 뾰족하게 드러내는 법

#교집합

여러 장점이 있다면 모아서 뾰족하게 드러낼 수 있습니다.

---

083 **어떤 무드는 맛이 된다**

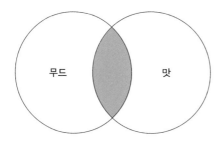

29CM의 그릇기획전 카피입니다. 그릇의 장점에는 여러 가지가 있습니다. 모양이나 색, 내구성을 말할 수도 있고, 음식 맛을 살린다거나 식사 분위기를 돋운다고 할 수도 있습니다. 장점 중에서 서로 영향을 주는 게 있다면 교집합이 있다는 겁니다. '식사 분위기를 살린다'와 '음식 맛을 돋워준다'는 장점이 그렇습니다. 이들의 교집합을 드러내볼까요? 맛에 중점을 두면 "어떤 무드는 맛이 된다"가 되고, 무드에 치중하면 "맛을 살리는 분위기는 따로 있다"라고 쓸 수도 있습니다. "분위기를 살리고 맛을 살린다"보다는 장점이 선명하게 드러납니다.

선을 그어 장점의 순도를 높여라

#차집합

만약 방금 나왔던 사례에서 차집합을 드러내려면 어떻게 해야 할까요? 교집합에 해당하는 속성을 없애면 차집합에 해당하는 속성의 순도가 높아집니다.

- 맛은 못 살려도 분위기만큼은 확실히 살린다
- 사진이 아닌 혀로 기억되는 맛

차집합은 이처럼 다른 어떤 것과 확실히 선 긋고 장점의 순도를 높입니다. 그래서 비슷하다고 생각되는 것들이 있을 때 이들을 분리해 선을 그어주면 선명한 메시지를 만들 수 있습니다.

084 **노느라 쉴 틈 없는 주말**
이게 정말 쉬는 걸까?
노는 것마저 오늘은 쉽니다
가볍게 호로록, 호로요이

우리는 노는 것과 쉬는 것을 유사한 개념으로 생각합니다. 하지만 노는 것만 강조하고 싶거나 쉬는 것만 강조하고 싶다면요? 둘을 분리해 차집합을 드러내 보는 겁니다.

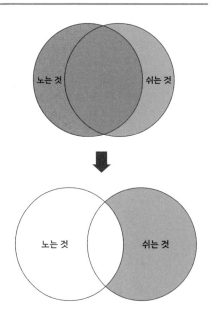

저도수 알코올 음료 '호로요이'는 쉬는 것을 노는 것과 분리했습니다. '어떤 휴식은 노는 게 아니다'라는 메시지를 뽑아냈고 "노는 것마저 오늘은 쉽니다"로 완성했습니다.

085 누구나 해병이 될 수 있다면, 나는 결코 해병대를 선택하지 않았을 것이다

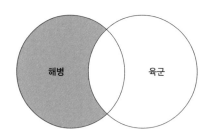

해병을 육군과 똑같이 모집해서 무작위로 배치한다면 해병대가 지금만큼의 영예를 가질 수 있었을까요?

해병대는 말합니다. 남자로 태어났다면 생에 한 번은 경험하는 군대, 우리에겐 선택의 기회가 있다고. 누구나 가는 곳과 아무나 갈 수 없는 곳 중 어디를 선택하겠느냐고요.

'만약'이 불러오는 상상력

'만약'은 상상을 위해 존재하는 단어입니다. '만약'이 붙으면 뭐든지 할 수 있죠. 아무도 풀지 못한 난제를 해결할 수도 있고, 무엇이든 가능한 초월자가 될 수도 있습니다. 또는 '만약 이게 없었다면?' '저게 틀렸다면?'처럼 잔뜩 부정적일 수도, 뭐든지 불가능할 수도 있습니다.

광고에서 '만약'을 활용하면 상상을 통해 몰입을 유도할 수 있습니다. 문제를 해결하거나 해결하지 못하는 상황을 가정해 볼 수 있겠죠? 미래를 상상하거나 과거에 다른 선택을 했다면 현재에 어떤 영향을 미치게 될지 가정해 보기도 합니다. 문제, 통념, 해결책, 화자와 청자 등 상상의 대상이 될 수 있는 것들은 무궁무진하고, '없다'와 '있다', '맞다'와 '틀리다' 등 가정의 방향도 다양합니다.

반대 상황 가정하기

#대비 가정   #반   #불   #비   #미   #무

현 상황과 대비되는 여러 상황을 가정해 봅니다.

1) 반 反: 이쪽 혹은 저쪽이라면?(방향)

086

뭐, 시간이 남아돌아서 걱정이라면

○○를 몰라도 되지만

이렇게나 쉽고 빠른 보험금 청구

굳이 안 할 이유,

있을까요?

(사진만으로 청구 완료)

○○의 보험 플랫폼에서 제공하는 보험 청구는 쉽고 빠릅니다. 이 서비스가 필요 없는 사람을 가정해 봤습니다. 시간이 너무 남아돌아서 편리한 서비스가 필요 없는 사람입니다.

만약 그렇지 않은 사람이라면요? 당연히 이 브랜드가 내세우는 쉽고 빠른 보험 청구 서비스가 필요할 것입니다.

2) 불 不: 그렇다면 혹은 아니라면?(긍정/부정)

---

087 은행이 달콤해질 수는 없을까?

"응? 키위?"

그래서 은행에 키위가 열렸다

금융의 단맛 제대로 누릴 수 있게

금융을 달콤하게 '키위뱅크'

어디서 키웠다고?

KB저축은행

KB저축은행은 딱딱한 이미지를 말랑하게 바꾸고 싶었습니다. 만약 은행이 달콤해진다면 어떻게 될까요? 은행나무인데 키위가 열립니다. 소비자에게 단맛을 주기 위함이라는 적극적인 플러팅입니다.

---

3) 비 非: 맞다면 혹은 틀리다면?(참/거짓)

---

088 Guard 1: Can we help you?

(경비병 1: 무슨 일로 왔지?)

Spy: I have a delivery for Athena

(스파이: 아테나를 위한 공물입니다)

Guard 1: Do you know any

Athena?

사람들은 오레오 같은 샌드류 과자를 먹을 때 과자 부분을 돌려서 크림이 어디 붙어있는지 확인하곤 합니다. 오레오는 그 포인트를 살리고 싶었고 '과거 사람들이 오레오를 돌려 먹는다면?'이라고 가정해 봤습니다.

(경비병 1: 아테나가 누군지 알아?)

Guard 2: I don't know

(경비병 2: 모르겠는데)

Guard 1: (Oreo) Twist on it?

(경비병 1: 오레오를 돌려볼까?)

Guard 2: Yeah. Cream on the

right we will let him in

(경비병 2: 좋아. 크림이 오른쪽이면 들여

보내자)

(크림이 오른쪽에 나오자)

Guard 1: Welcome to Troy!

(경비병 1: 트로이에 오신 것을 환영합니다!)

광고는 트로이의 목마가 성문 앞에 도착한 상황입니다. 이처럼 중요한 결정을 내릴 때마다 사람들이 오레오를 돌립니다. 크림의 방향에 따라 중요한 결정이 일어났죠. 만약 크림이 반대로 갔다면요? 역사는 완전히 뒤바뀌었을 겁니다.

4) 미 未: 이미 그렇다면 혹은 아직이라면?(완성/미완성)

089 미래엔 어떤 보험이 필요할까요?
은우가 꿈꾸는
인공지능 강아지를 위한
로봇 펫 보험

지우가 상상하는
날아다니는 자동차를 위한
플라잉카 보험

다빈이가 바라는
화성 여행을 위한
우주 여행자 보험

이런 보험이 생긴다면
그것도 아마 현대해상이 처음이겠죠

당신이 그리는 미래가 무엇이든
먼저 움직이는 현대해상

손해보험을 판매하는 현대해상의 광고입니다. 미래에는 인공지능 강아지와 플라잉카, 우주 여행자를 위한 보험이 필요할 거라고 이야기합니다. 발전된 미래가 현실이 된 것처럼 가정해 보고 그곳에 먼저 가 있겠다고 말합니다.

자칫하면 허황된 포부처럼 느껴질 수도 있지만 아이들의 시선을 빌리니 따듯한 눈길로 바라보게 됩니다.

5) 무 無: 있다면 혹은 없다면?(존재/부재)

090
크릴오일 속 오메가3가
흡수가 잘되는지 알아보려면
이것이 없을 때
그리고 있을 때를 비교하세요
바로 인지질!

보이시죠?
오메가3 흡수를 돕고
우리 몸속 세포막을 구성하는
크릴오일 속 인지질의 힘

존재와 부재의 가정은 단순 비교 상황에서 활용하기 좋습니다.
이 광고는 오메가3가 흡수가 잘되는 상황과 아닌 상황을 비교해서 보여줍니다. 인지질이 있으면 흡수가 더 잘된다는 심플한 메시지를 실험 비주얼과 함께 전달했습니다. 오메가3를 잘 못 먹는 타깃이라면 충분히 혹할 만한 비교 가정입니다.

입장 바꿔 생각해 보기

(#역지사지)

입장 바꿔 생각해 봅시다. 그전에 누구와 입장을 바꿔볼지 먼저 고민해 보면 좋습니다. 광고에선 사람과 사람이 아닌 것의 입장을 바꿔볼 때 꽤 파괴력이 있었습니다.

091 　언제부터 카메라가
　　　사람을 휴지통에
　　　버리기 시작했는가?

　　　익서스가 말했다
　　　잘 가라 후보정

　　　단 한 컷도 버리기 아까운 익서스

우리는 마음에 안 드는 사진을 휴지통에 넣습니다. 하지만 사진이 마음에 안 드는 이유가 카메라의 성능 때문이라면요? 우리를 휴지통에 넣는 건 사실 카메라였을지도 모릅니다.

092 　**Change air pollution before it**
　　　changes you
　　　(당신이 스모그를 바꾸지 않으면 스모그
　　　가 당신을 바꾼다)

스모그를 없애려는 노력을 하지 않으면 스모그가 우리를 없앨 수 있다고 경고합니다.

093 처음으로 여행이 우리를 떠났습니다.

여행이 떠나고 나서야 알게 되었습니다.

여행이 있던 일상의 소중함을.

모든 여행의 마지막은 제자리로 돌아왔듯이

우릴 떠난 여행도 그리고 일상도 다시 돌아올 것입니다.

(아시아나항공은 코로나19의 빠른 종식을 기원합니다)

그때, 함께 날 수 있기를.

우리는 종종 여행을 떠나곤 합니다. 코로나가 터지고, 세계 곳곳이 봉쇄되자 우리는 한동안 마음대로 여행을 떠날 수 없었습니다. 여행과 멀어진 것이죠.

그때 여행의 입장으로 역지사지를 해 봤습니다. 어쩔 수 없이 우리를 떠나야만 했던 여행의 빈자리가 크게 느껴집니다. 떠난 여행이 우리에게 돌아온다면 그 마음이 어떨지, 얼마나 감동적일지도 상상해 보게 됩니다.

'어떤 일을 하러 나서다'라는 뜻의 '여행을 떠나다'와 '있던 곳이나 사람들한테서 벗어나다'라는 뜻의 '우리를 떠나다'의 중의적 의미를 활용해 역지사지로 뒤집어도 절묘하게 맞아떨어지는 표현이 되었습니다.

카피 TIP AI 활용하기

① 아이디어의 단초 얻기

아이디어와 카피라이팅의 단초를 얻을 때 AI를 활용하기도 합니다.

처음에는 개념의 연상을 위해 두 가지 명령어를 입력합니다.

"'사과'와 유사한 표현 최대한 많이 알려줘"

"'사과'하면 연상되는 개념을 최대한 많이 알려줘"

유사한 단어를 찾아 놓으면 같은 의미지만 더 세련된 표현을 고를 수 있고, 문장 안의 요소들과 조화로운 표현을 찾는 데 드는 시간을 줄여줍니다. 동어를 반복하거나 잘못된 개념을 사용하지 않도록 도와주기도 합니다.

예시: 사과와 비슷한 표현 – 애플, 홍옥, 미안해요, 실례했습니다…

연상되는 개념을 뽑아 놓으면 메시지들을 하나로 포장할 수 있는 컨셉이나 아이디어를 찾는 데 도움이 됩니다.

예시: 사과하면 연상되는 개념 – 건강, 자연, 신선함, 교육, 기술…

② 이미지 만들기

포토샵, 일러스트 같은 프로그램 사용이 능숙하지 않은 사람들에겐 미드저니(Midjourney) 같은 이미지 생성형 AI가 큰 도움이 됩니다. 프롬프트 넣는 법도 어렵지 않습니다. 챗 GPT(ChatGPT) 같은 대화형 인공지능에 먼저 물어보면 됩니다.

"다음과 같은 내용으로 미드저니 프롬프트를 만들어줘. 한겨울 눈 내리는 바닷가를 걷는 소년의 모습을 일본식 만화풍으로 그려줘"

이렇게 해서 나온 결괏값을 복사해서 미드저니에 붙여 넣기만 하면 됩니다. 미드저니로 생성된 결과물은 최종 출고를 위한 퀄리티로는 조금 부족하지만 참고 이미지로 활용하기 좋습니다. 스테이블 디퓨전(Stable Diffusion) 같은 다른 이미지 생성 프로그램과 함께 사용하는 것도 방법입니다.

③ 그 밖의 AI 활용하기

조금 더 창의적이거나 문학적인 문장이 필요할 땐 챗GPT와 클로드(Claude)에 물어봅니다. 찾은 정보에 대한 요약 정리나 출처가 필요할 땐 퍼플렉시티(perplexity)도 새롭게 떠오르는 대안입니다. 수노(suno) 같은 음악 생성용 AI나 소라(sora), 클링(kling) 같은 영상 생성용 AI도 유용하게 쓰이고 있습니다. 책이 출간된 후 1년이 지난 후 이 정보들이 얼마나 낡아 있을지 궁금합니다.

문장 작성: 챗GPT(https://chatgpt.com/)
       클로드(http://claude.ai)
요약 및 출처: 퍼플렉시티(https://www.perplexity.ai/)
이미지 생성: 미드저니(https://www.midjourney.com/home)
       스테이블 디퓨전(https://stablediffusionweb.com/)
음악 생성: 수노(https://suno.com/)
영상 생성: 소라(https://openai.com/index/sora/)
       클링(https://klingai.com/)

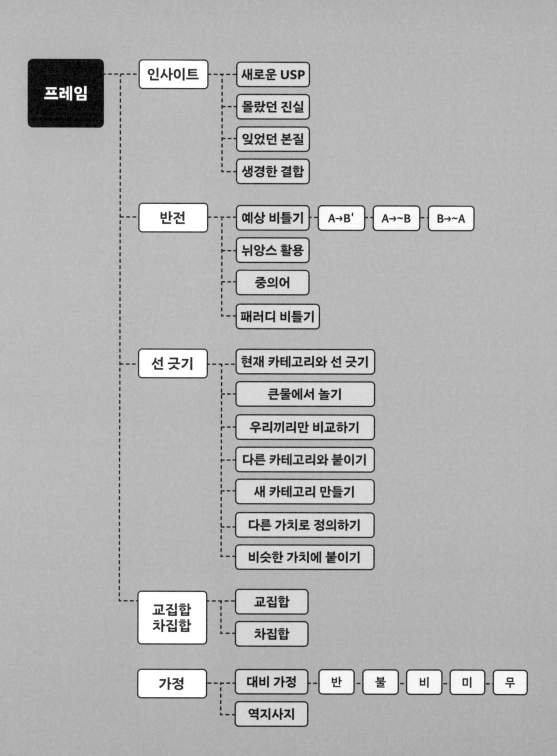

프레임

인사이트
- 새로운 USP
- 몰랐던 진실
- 잊었던 본질
- 생경한 결합

반전
- 예상 비틀기 — A→B' — A→~B — B→~A
- 뉘앙스 활용
- 중의어
- 패러디 비틀기

선 긋기
- 현재 카테고리와 선 긋기
- 큰물에서 놀기
- 우리끼리만 비교하기
- 다른 카테고리와 붙이기
- 새 카테고리 만들기
- 다른 가치로 정의하기
- 비슷한 가치에 붙이기

교집합 차집합
- 교집합
- 차집합

가정
- 대비 가정 — 반 — 불 — 비 — 미 — 무
- 역지사지

3장

무언가의 힘을
빌려라

#빌려 오기

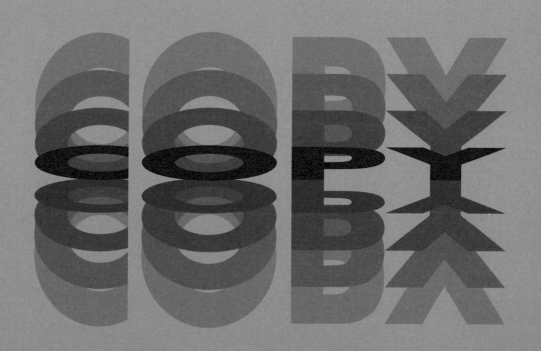

모든 것이
카피의 힘이 된다

김하온이라는 신성 래퍼가 피처링 무대에 등장합니다. 〈쇼미더머니〉의 힘이
여전히 강력할 무렵입니다. 그가 뱉는 묵직한 문장 중에 이런 표현이 귀에 걸
렸습니다.

"빌려 쓴 미소는 나에게 질려버렸다는 듯이 이따금씩 이자를 묻지"

억지로 빌려 온 미소의 맛은 썼고, 심지어 빌려 쓴 대가로 이자가 되돌아 왔
다고 말하죠. 중의적 표현이 절묘한 펀치 라인입니다.

카피는 다른 곳에서 힘을 빌려 옵니다. 빗대어 표현하는 비유가 그렇고요.
대놓고 빌리는 오마주·패러디가 그렇습니다. 빌리는 대상도 다양합니다. 유행
하는 트렌드나 밈, 흔히 통용되는 관용어구의 뜻을 빌릴 수도 있습니다. 속담이
나 격언, 통념같이 클래식의 헤리티지를 빌릴 수도 있습니다. 카피는 글이지만

글자의 생김새와 유사한 무언가가 있다면 비주얼의 힘을 빌릴 수도 있습니다.

---

094   평범하게 위대하게

예시로 삼양라면의 슬로건을 보겠습니다. 삼양라면의 대중적인 맛은 많은 사람에게 사랑받습니다. 많은 사람에게 사랑받을 수 있다는 건 그 자체로 특별함이 되죠. 그래서 〈은밀하게 위대하게〉라는 웹툰 제목의 틀을 빌려 왔습니다. 영화로도 제작된 웹툰의 명성은 자칫 단순해 보일 수 있는 문장 구조에 특별함을 더해줍니다. '평범함'이라는 단어와 '위대함'이라는 단어가 만나 역설적인 느낌이 함께 생긴 것은 덤입니다.

또 다른 예시를 보겠습니다. "거기서 거기"라는 관용어구가 있습니다. 비교해 봐야 그게 그거, 서로 비슷하다는 뜻이죠. 이 관용어구의 힘을 스스로를 반박하는 방식으로 빌려 오면 어떨까요? "거기서 거기? 거기부터 거기까지 완벽하게 만듭니다"라고 해보는 겁니다. '거기'라는 단어가 쓰이는 다른 용례를 활용해서 생각의 흐름을 비트는 반전을 췄습니다. 통념을 깨는 방식으로 "거기서 거기"라는 관용어구의 힘을 빌려 왔습니다.

원본이 가진 명성을 빌려 올 땐 주의할 점이 있습니다. 절묘하지 않고 어색하게 가져오면 혼란을 일으킵니다. 대놓고 빌려 온다면 오히려 확실하게 원작을 드러내서 존중의 뜻을 보여야 합니다. 다른 콘텐츠보다도 상업성을 띤 '광고'이기 때문에 더 조심해야 할 부분입니다. 자칫 잘못 빌려 오면 이자를 많이 내야 할 수도 있습니다.

이제부터 무언가의 힘을 빌리는 다양한 방법이 등장할 예정입니다. 특히 비유법의 다양한 종류 중에서도 광고에서 특기할 만한 부분은 따로 빼서 다루겠습니다.

같은 옷으로
다른 느낌을 내라

여기는 소위 말장난 파트입니다. 생각보다 내용이 방대합니다. 다 정리하고 나니 그저 장난으로 치부할 수만은 없겠다고 느꼈습니다.

어렸을 적 학교에서 비유법을 배웠습니다. 비유에는 '비유하고 싶은 대상'과 '빗대고 싶은 대상'이 있습니다. '내 마음은 호수요'라는 문장은 '내 마음'이라는 대상을 '호수'라는 대상에 빗댄 것입니다. 이때 내 마음을 원관념이라고 하고 호수를 보조관념이라고 합니다. '사과 같은 내 얼굴'이라는 문장은 내 얼굴을 사과에 빗댄 것이고, 내 얼굴과 사과가 각각 원관념과 보조관념입니다.

원관념과 보조관념이라는 단어가 중요한 것은 아닙니다. 중요한 건 '비유하고 싶은 대상'과 '빗대고 싶은 대상'이 있다는 겁니다. 직유, 은유, 풍유, 대유, 제유, 활유, 의성, 의태 등 모든 비유법 중에서 중의법이 광고에 제일 많이 등장하는 이유는 모든 비유법 중 유일하게 중의법만이 원관념과 보조관념, 즉 '비유하고 싶은 대상'과 '빗대고 싶은 대상'이 형태적으로 동일하기 때문입니다. 그래서 소비자로 하여금 비유에 대한 불필요한 리소스를 줄여 이해를 높이면서도, 다양한 의미를 생각하게 만들어 의외성을 주기도 합니다. 중의법은 이해도 쉬운데 재미도 있는 셈입니다.

중'의'어는 '두 가지 의미로 해석되는 표현'입니다. 형태가 같고 뜻이 다를 수도 있지만, 형태와 뜻이 다른데 발음이 비슷할 수도 있습니다. 이때는 서로 다른 형태에 뜻도 다르지만, 중의법이 의도한 것과 비슷한 효과를 낼 수 있습니다. 소비자로 하여금 비유를 더 쉽고 재밌게 받아들일 수 있도록 하죠.

예를 들어 앞서 말한 측면과 다른 측면을 말할 때 쓰는 부사 '한편'과 같은 편을 뜻하는 명사 '한편'은 형태는 같지만 의미가 다릅니다. '한 개'와 '한계'는 발음은 비슷하지만 형태와 의미 모두 다릅니다. 형태가 완전히 같아야 중의어라고 알고 있는 우리는 여기서 살짝 혼란스러울 수도 있습니다. 어렸을 땐 다의어와 동음이의어로만 나눠서 배웠지만 현대 국어에서 '중의'의 표현 분류는 조금 더 세부적으로 나뉘기 때문입니다. 아래 분류는 머리 아플 수 있으니 그냥 참고만 해주세요.

카피 TIP 중의어의 분류
- **동음어**
  ① 동음동철이의어: 발음과 형태가 같고 뜻이 다르다

예시: 배(신체)/배(과일)/배(탈것), 벌(죄를 지으면 받는 것)/벌(옷을 세는 단위)

② 동음이철이의어: 발음이 같지만 형태와 뜻이 다르다

예시: 옳은 쪽/오른쪽, 낟알(껍질을 벗기지 않은 곡식의 알)/낱알(하나하나의 알)

• **동철이음이의어: 형태는 같지만 발음과 뜻이 다르다**

예시: 잠자리[잠자리](곤충)/잠자리[잠짜리](이부자리)

• **이음동의어: 뜻이 같지만 발음과 형태가 다르다**

예시: 앳되다/젊다/어리다

(동음동철동의어, 이음이철이의어라는 말은 당연히 없습니다.)

중요한 건 형태가 같고 의미가 다른 경우(동철)도 있고, 형태와 의미는 다르지만 발음이 같은 경우(동음)도 있다는 겁니다. 이 둘을 분리해서 소개하려고 합니다. 굳이 나누어 설명하는 이유는 '동철' 쪽은 형태가 같은 일반적인 중의어의 사례들(내일, 내 일)인데, '동음' 쪽에는 비슷한 발음에 형태는 다른 사례(한 개, 한계)뿐만 아니라 형태를 의도적으로 변형해 새로 만든 '조어'의 사례(결혼할 까요—결혼할가연, 증명사진—증명사진, 오른손—옳은 손)까지 포함하기 때문입니다.

서론이 길었습니다. 예시를 보면 이해하기 쉬울 겁니다. 먼저 형태가 같고 의미가 다른 단어를 활용한 경우부터 시작해 보겠습니다.

여러 의미를 유추하게 만들기

#중의어 단독   #명사형 중의   #서술형 중의

형태는 같은데 여러 가지 의미를 떠올릴 수 있는 단어를 단독으로 활용한 경우입니다.

1) 여러 뜻 함축(명사형 중의)

095

내일을 너에게 맡긴다

스케줄 관리 앱 ○○

내일이라는 한 단어 안에 오늘의 다음 날을 뜻하는 '내일tomorrow'과 나의 일을 뜻하는 '내 일my job' 두 가지 뜻을 담았습니다. 이렇듯 명사형의 중의적 표현은 여러 뜻을 한 번에 보여줄 수 있습니다.

096

여자 1: 컨디션 좋다?

여자 2: 고활성… (웅성웅성)

남자 1: 에너지 넘치네~?

남자 2: 1분에 무려 1개씩 팔리는…

(웅성웅성)

여러 종류의 비타민 B도 '한 통 속', 컨디션 좋고 에너지 넘치는 사람들도 다 '한통속'이라는 두 가지 의미를 단어 하나에 담았습니다.

여자 3: 뭐야 다 한 통 속이었어?

고활성 비타민B로

임팩트 있는 효과를 다 한 통 속에

---

097 무한대를 그려주려 쓰러진 팔자

에픽하이의 노래 〈본 헤이터Born Hater〉 가사 중 한 구절입니다. '팔자'라는 한 단어 안에 '사람의 운명'과 숫자 '8'이라는 두 가지 뜻을 활용했습니다. 8이 옆으로 쓰러지면 무한대 기호(∞)가 되고, 내 팔자가 쓰러진 건 사실 죽지 않고 계속 돌아온다는 걸 보여주기 위함이라니, 대단한 가사입니다.

2) 다른 뜻 유추(서술형 중의)

---

098 행복을 지킵니다, ○○보안업체

보안업체의 카피입니다. '지킨다'라는 단어의 목적어는 '행복'이지만 보안업체라는 특성상 '우리 집'을 지킨다는 뜻까지도 유추할 수 있습니다.

서술어의 중의적 표현은 서술어가 수식하는 문장 성분을 또 다른 뜻으로 유추할 수 있도록 만듭니다.

099   축축한 기분까지도 완벽 방수,
　　　　○○레인부츠

레인부츠가 막아주는 건 빗물뿐만이 아닙니다. 나의 기분마저 보송하게 막아줄 수 있습니다.

100   이제는 빈칸을 채울 때, ○○변비약

매일 달력에 화장실 성공을 체크하고 있는 변비 환자를 상상해 봤습니다. 벌써 빈칸을 채우지 못한 지 며칠이 지났습니다. 변비약이 슬며시 말하죠. 이제는 채우라고요. 달력의 빈칸과 화장실의 빈칸을요.

같은 말을 다른 뜻으로 반복하기

(#중의어 병렬)

중의어를 저마다 다른 뜻으로 여러 번 반복해서 사용하는 방법입니다. 여러 중의어가 한 문장 안에서 자연스럽게 이어지게끔 만드는 게 핵심입니다. 같은 형태의 중의적 표현을 다른 뜻으로 여러 번 나열하는 경우 '운율'도 느낄 수 있다는 장점이 있습니다.

---

101   **건성건성** 말려도 **속건성**이라 빨리 말라요

'대충'과 '건조한 속성'을 뜻하는 '건성'이라는 단어의 두 가지 뜻을 활용했습니다. 두 의미가 한 문장 안에서 자연스럽게 연결됩니다.

---

102   **활력** 원해? **홍삼원** 해!

심화된 중의어 병렬 예시로, 임의로 적은 카피입니다. '원해'라는 표현이 두 가지 의미로 쓰였습니다. 이때 'want'라는 뜻의 '원해'가 아닌 '홍삼원 해!'의 '~원 해'는 단독으로는 뜻이 성립하지 않지만 다른 단어의 일부 성분을 가져왔습니다.

103 새로운 엑스포를 원해?

부산에 유치해

비슷하지만 조금 다른 사례입니다. 여기선 아예 '원해'가 아닌 '해'만 남겼기에 중의보단 운율의 예에 가깝습니다.

만약 부산이 아니라 남원이었다면 '새로운 엑스포를 원해? 고민 말고 남원 해!'로 더 절묘했을 것 같습니다.

카피 TIP 중의어 리스트

활용하기 좋은 중의어 리스트를 모아 소개합니다. 명사형 중의어는 너무 많으니 상대적으로 한정돼 있는 동사형 중의어를 모아봤습니다.

먹다	쓰다	받다	끊다
접다	놓다	잡다	피다
깨다	들다	돌다	내다
보다	맞다	나다	돌리다
타다	열다	보다	넘기다
올리다	닫다	서다	들어가다
내리다	틀다	감다	쏘다
걸다	차다	풀다	쉬다
걸리다	두다	치다	돋다
달다	비우다	받치다	바르다

중의어 다양하게 활용하기

#중의어 심화 활용   #반전   #변형   #난센스 퀴즈

중의어를 활용한 다양한 심화 버전입니다.

1) 반전

중의 표현을 활용해서 "사실 그 뜻 아니고 다른 뜻이야!"라고 말하는 방법입니다. 2장의 '반전' 부분에서 한번 설명했지만, 반전은 중의를 활용할 수 있는 주된 방법 중 하나라 여기에서 더 자세히 살펴보겠습니다.

---

104 | 오늘부터 롯데 자이언츠에 대한 마음 접습니다…
그다음 끝 선에 맞추어 반 접습니다
뒤로 돌려 양쪽 모두 펼칩니다
끝부분을 살짝 접고선 중심선에 맞춰 위로 올려 접은 뒤 뒤집으면 예쁜 하트 접기 완성
사랑해요, 롯데!

'접는다'라는 중의어를 활용해 비틀었습니다. 뒷부분에 원래 예상했던 '애정을 거둔다'는 뜻이 아닌 '종이를 접는다'는 뜻을 활용했습니다.
'좋아하는 마음을 끝낸다'를 뒤에서 비틀었더니 '사랑하는 마음을 보여줄 수 있는 종이접기'가 됐습니다.

105	한화는 내려갈 팀…	이 사례도 비슷하게 '내려갈 팀'이라

105 한화는 내려갈 팀…

역사를 써 내려갈 팀!

이 사례도 비슷하게 '내려갈 팀'이라는 중의적인 표현을 반전으로 활용했습니다. 응원하는 야구팀의 성적이 그렇게 좋지 않을 때 공감할 수 있는 카피라 팬의 입장에선 웃픈 내용입니다.

2) 변형

중의 표현에서 문장 성분의 일부를 변형하여 활용할 수도 있습니다.

106 **다이소 거울로** 본 나의 모습

그것이 나의 본모습

'본'이 앞에 있으면 눈으로 본다see는 뜻이 되지만, 위치를 옮기니 실제 나의 본real모습이라는 의미로 바뀌었습니다.

107 **이해를** 두 **번** 해도 **일만** 나면 **오해**

2+2+1=5죠. 이해가 두 번이나 더해져도 일만 터지면 오해를 부른다는 끔찍하게 절묘한 중의적 가사입니다.

108 위대**함**에 돛을 달아봐

명사형의 변형입니다. '위대함'에서 '함艦'이라는 글자의 '큰 배'라는 의미를 활용해 '돛을 달아봐'라는 어울리는 표현을 붙였습니다.

이 문장에서 '큰 배'라는 뜻을 빼도 의미가 성립하기 때문에 결과적으로 절묘한 중의적 표현이 만들어졌습니다.

109 민초 먹기? 고수 먹기?
그보다 어려운 건 마음먹기

이번엔 서술형의 변형입니다. '먹다'라는 서술어가 취할 수 있는 목적어는 '음식'과 '마음'이 있습니다. '음식 먹기'보다 '마음먹기'가 더 어렵다는 메시지를 전달하기 위해 많은 사람이 먹기 힘들어하는 민트 초코와 고수를 가져왔습니다.

레이어를 한 겹만 다르게 해도 재미있는 변형 카피가 나옵니다.

여기 소문난 비빔면 맛집이 있다던데?

"매콤~ 칼칼하니께 자꾸만 땡기쥬~"
"달달 시원~한 게 딱 제 스타일입니다"
"그 집 거는, 입에 촤~악 감겨부러"

어? 거기가 어디죠?
배홍동
배, 홍고추, 동치미로 비비는 순간
맛집이 되는
여기는 비빌시 맛있구 배홍동

배홍동의 '동'을 지역을 나타낼 때 쓰는 '동'으로 봤습니다. 이뿐만 아니라 시, 구까지 가져와 '비빌시 맛있구 배홍동'이라는 비빔면 맛집 주소를 만들었습니다.

비슷한 농담이 하나 있는데 아실지 모르겠네요. 혹시 지금이 몇 시인지 아시나요? 서울시 여러분 담배꽁초!

3) 난센스 퀴즈

요즘은 난센스 퀴즈가 아재 개그로 취급되며 천대받습니다만, 난센스 퀴즈의 원리도 중의 표현에서 온 것이 많습니다.

---

111 학이 자기소개를 하면? 전학

편을 하기 싫은 것을 3글자로 하면? 편안함

미국 옆 동네는? USB

전학, 편안함, USB라는 단어들이 원래 뜻이 아닌 다른 뜻으로 쓰일 수 있는 사례를 찾아 역으로 질문을 만들면 쉽습니다. 마지막으로 하나 더 해볼까요? 왕이 넘어지면? 킹콩!

중의적 표현을 썼을 때 의도한 모든 뜻에서 문장이 정확하게 인식되어야 중의의 장점을 온전히 담을 수 있습니다. 하나라도 이상하면 안 하느니만 못하게 됩니다.

카피 TIP **중의 표현을 쓸 때 주의할 점**

추억을 날으는 시간

중의 표현을 활용할 땐 활용하는 모든 뜻이 명료하게 드러나야 합니다. 예를 들어 항공사 카피로 위 문장을 썼다고 해보겠습니다. 항공이기 때문에 하늘을 '날다'와 물건을 '나르다'의 두 가지 뜻으로 활용하려고 했습니다. 하지만 추억이 하늘을 난다고 하려면 '추억이 날아가는 시간'이라고 써야 정확합니다. 추억이 하늘을 난다는 뜻 자체도 한 번에 와닿지 않고요. 절묘한 중의적 표현이라는 생각이 들더라도 이럴 땐 과감히 포기해야 합니다.

같은 악보를
다르게 연주하라

앞서 형태가 같고 뜻이 다른 중의 표현을 살펴봤습니다. 이번에는 형태도 뜻도 다르지만 발음만 비슷한 단어들을 활용해 보겠습니다.

앞에 나온 사례에서 본 것처럼 여러 발음의 단어를 단순히 나열해서 활용할 수도 있고요. 단어를 조금 바꿔 신조어로 만들어서 여러 의미가 나타나게 만들 수도 있습니다. 심지어 한국어가 아닌데 한국어처럼 들리는 외국어 발음을 활용해 볼 수도 있습니다.

이 방법이 아재 개그가 되지 않을 수 있는 확실한 조언이 있습니다. 웬만해선 웃기려고 하지 마십시오! 스스로 재밌다고 말할 때 가장 재미없어집니다.

재미와 운율, 논리까지 잡는 법

#유사 음가 병렬

비슷한 발음의 단어들을 나열해 봅니다. 완벽히 같은 중의어를 여러 번 나열하는 것보다 활용이 쉽기도 하고 리듬감도 더 느껴집니다.

---

112   저랑 데이트하실래요? **업데이트**

113   가짜 없는 갓 짜낸 **오렌지**

형태와 발음이 비슷한 단어들을 나열하는 방법입니다. 이 경우 운율의 장점까지 가져오게 됩니다.

---

114   한 개는 한계가 있습니다

115   한계는 한 단계일 뿐

116   한계는 성장을 위한 한 계단

한 개, 한계, 한 단계, 한 계단까지. 각각 다른 뜻이지만 비슷한 발음을 가진 단어 중 유명한 것들은 이미 선점되었습니다.

첫 번째 카피는 LG의 듀얼 에어컨, 두 번째 카피는 언더아머의 카피입니다. 마지막 문장은 제가 작성한 것이라 아직 사용되지 않았으니 먼저 쓰는 분이 임자입니다.

117

지금까지의 **MG**에

앞으로의 **MG**를 더하면

MG 무궁

MG 무진

나에게 꼭 맞는 보험을 추천하고

부담은 적고 보장은 많아

모두에게 힘이 되니까

보험 그 이상으로 무궁무진

기대하세요

MG새마을금고의 'MG'에서 음가가 비슷한 한글 초성 'ㅁㄱ'과 'ㅁㅈ'을 연상했습니다. 여기에서 '무궁'과 '무진'까지 확장해 '지금까지의 MG에 앞으로의 MG를 더해서 무궁무진'이라는 메시지로 완성했습니다. 논리까지 아름다운 카피입니다.

118

마크

덴마크

마크와 덴마크

마트에 마크

마트에 덴마크

마트에 마크의 덴마크

마트에 마크의 카트

마트에 마크의 카트의 덴마크

마트에 마크의 카트에 막 담은 덴마크

덴마크 막 마시는 마크

덴마크와 비슷한 발음인 마크, 마트, 카트 등을 전부 활용해 덴마크우유를 소비자들에게 각인시켰습니다. 광고 영상을 시청하는 걸 추천합니다.

비슷한 발음으로 대체하기

(#조어)

표현의 일부를 비슷한 발음으로 대체해서 조어를 만드는 방법입니다. 너무 어렵지 않게 쉽고 직관적으로 만들어야 조어에 대한 거부감을 줄일 수 있습니다. 심오한 것보단 차라리 피식 웃고 마는 게 나을 수 있습니다.

119   **결혼해 듀오**(결혼해 주오)

120   **결혼할가연**(결혼할까요)

121   **물부시게 빛나다**(눈부시게)

122   **직접 만드는 댕댕이 증멍사진**(증명사진)

123   **금쪽같은 내 식기**(금쪽같은 내 새끼)

결혼 정보 회사의 양대 산맥인 듀오와 가연은 브랜드 이름을 활용한 절묘한 조어를 오랫동안 키 메시지로 활용하고 있습니다.

'물부시게' '증멍사진' '내 식기'는 기존 표현을 자연스럽게 확장시키고 있습니다. '물 덕분에 눈부시다' '강아지 증명사진' '내 자식처럼 소중한 식사 도구'라는 뜻이 잘 느껴집니다.

조어가 이만큼 많다는 건 크리에이터들이 그만큼 고통받고 있다는 방증이기도 합니다.

124 삼성증권 ELS

利愛來水(이애래수)

이로울 이, 사랑 애, 올 래, 물 수

이롭고 사랑스러운 수익이 물 흐르듯 다가오다

ELS(이엘에스)의 발음을 음차하여 이애래水利愛來水라는 사자성어를 만들었습니다. 어려운 상품을 쉽게 설명하기 위한 크리에이터의 고육지책이었습니다.

125 매콤 새콤 달콤

삼콤하게 맛있다

팔도비빔면

세 가지 콤을 '삼콤'이라고 묶었고요. 발음상 '상콤'과 유사합니다. 팔도 비빔면의 맛이 직관적으로 전달되는 조어입니다.

카피 TIP 비슷한 발음의 단어로 구조 짜보기

운율이 느껴지는 비슷한 발음의 단어들을 활용하면 USP를 나눠 넣으면서 쉽게 구조를 만들 수 있습니다. 아래의 단어 쌍을 활용해도 좋습니다.

완성 / 정성	Know(알다) / No(아니다)
정리 / 원리	Break(깨다) / Brake(브레이크)
사랑 / 자랑	Buy(구매하다) / Bye(안녕) / By(~로 인한)
Colorful(다채로운) / beautiful(아름다운)	Right(옳은) / Write(쓰다)

외국어가 한국어처럼 들리는 매직

(#몬더그린)

비슷한 발음에 다른 뜻이 있는 단어들 중에는 한국을 넘어 해외 콘텐츠를 응용한 사례도 있습니다. 몬더그린mondegreen은 특정 발음이 듣는 이가 알고 있는 다른 발음처럼 들리는 현상입니다. 특히 의미를 모르는 외국어의 발음이 청자의 모국어로 '의미를 가지고 있는 말'처럼 들리는 걸 말합니다. 'Check it out'이 '제껴라'로 'Take a look'이 '떼껄룩'으로 들리는 것처럼 말이죠.

---

126 빨간 봉다리 깠어 하나 또!!!

우동보다 싸다매!!!

깠어 하나 또~~~

깠어 하나~~~ 또!!

열광의 맛 롯데 돼지바

축구 경기가 이탈리아어로 중계되고 있습니다. 자막은 뜻을 번역해 주지 않고 이탈리아어 발음이 들리는 그대로 전달합니다. 골이 터지자 흥분한 해설진이 소리치죠. "빨간 봉다리 깠어 하나 또! 우동보다 싸다매!"

돼지바 광고란 게 믿어지시나요? 발음이 꽤 절묘해서 직접 영상을 보는 걸 추천합니다.

읽기만 해도
눈에 그려진다

이번에는 의성어와 의태어 사례를 소개하겠습니다. 여기서 '의'는 '모방할 의擬'를 씁니다. 의성어는 '소리를 모방'하는 말이고 의태어는 '모양이나 행동을 모방'하는 말입니다.

'멍멍, 푸드덕, 딸랑딸랑, 폭신폭신, 보들보들, 반짝반짝' 글자를 읽기만 해도 소리가 들리고 눈에 그려지는 듯합니다. 비유는 '빗대고 싶은 대상'의 힘을 빌려 '비유하고 싶은 대상'을 설명하는데요. 의성어와 의태어는 소리·행동·모양을 흉내 내기 때문에 공감각적인 심상을 줍니다. 그래서 광고에서 전략상 소비자의 간접 경험이 필요할 때나 감성적인 소구가 요구될 때 더욱 효과적인 방법입니다.

간접 경험을 하게 해주는 의성어

#소리 흉내

한국어 의성어는 영어보다 쓰임새가 좋습니다. 소리 묘사가 직관적이고 미세한 차이도 구분하기 때문이죠. 'Knock-knock' 'Bang-Bang'과 '똑똑' '쾅쾅'의 차이만 봐도 느껴집니다. 영어 의성어는 조금 더 소리의 추상적인 느낌에 집중하는 경향이 있습니다.

127　공룡이 캬~ 하는 건

흡혈귀 캬~ 하는 건

화내는 게 아니라네

겁주는 게 아니라네

신선한 걸 먹게 돼 신난 거라네

인간이 갓 만든 맥주 먹고 캬~ 하듯

신선해서 캬~ 하는 건

캬~ 는 말이지

생명의 본능이라네

캬~ 캬~ 캬~스!

카스!

자고로 맥주 광고란 맥주가 마시고 싶어지게끔 해야 합니다. 그런 간접 경험을 주기에 의성어만 한 것이 없습니다.

이렇게 소리나 모양이 브랜드 속성과 찰떡같이 붙는다면 좋겠습니다만, 잘 안 어울리는 것끼리 붙는다고 해도 생경한 결합이 만드는 신선함이 꽤 괜찮습니다.

128

쑥

쑤~욱

쑤~~~욱

들뜬 피부야 쑥 가라앉아라

강화의 거센 바닷바람도 이겨낸

어린 쑥을 맑게 우려내

피부에 수분이 쑤~욱!

어린 쑥으로 피부에 수분이 어리다

한율에선 주성분인 쑥과 비슷한 발음의 의성어를 활용했습니다.
들뜬 피부를 쑤욱 가라앉히고 피부에 수분을 쑤욱 넣어준다고 하네요.

129　**톡! 과즙이 터지면**

　　　그건 델몬트

의성어와 도치를 결합해 임의로 적어 본 카피입니다.
도치되기 전 문장은 '델몬트는 과즙이 터진다'입니다. '과즙이 터지면 델몬트'로 바꿔 놓고 델몬트라는 브랜드와 잘 어울리는 '톡!'이라는 의성어를 가볍게 올려놨습니다.

130 다다다다다다다다다다다

다 있다 집에 대한 모든 정보
매물, 교통, 학교 정보, 관리비까지
다다다다다 다 있다 다방

의성어와 의태어를 무조건 간접 경험을 위해서만 쓰는 건 아닙니다. 이 광고에선 초반 주목도를 높이기 위해 공사장 드릴 뚫는 소리를 의성어로 활용했습니다.

이후 집에 대한 모든 정보가 전부 다 있다고 말하면서 부동산 앱인 다방을 연상할 수 있는 의성어를 재치 있게 활용했습니다.

직관적으로 꽂히게 해주는 의태어

(#모양 흉내)

같은 상황이라도 다양한 의태어를 활용할 수 있습니다. 물방울이 떨어지는 모습도 '똑똑' '뚝뚝' '또르르'처럼 다양하게 표현할 수 있습니다.

131 잘 사는 게 그런 거래?

하나를 정했으면 한 우물만 파는 거?

세상에 할 게 얼마나 많은데?

색다른 게 끌리면

휙 팔고(번개택배로 간편하게)

슉 사고(번개톡으로 빠르게)

샥 갖고(번개페이로 안전하게)

번개같이 짧은 인생

난 원하는 건 다 해볼 거야

그게 바로 다르게 사는 거래

번개같이 사는 거래

1400만의 생활거래장터

번개장터

획, 슉, 샥. 거래가 간편하다는 메시지를 위해 쓸 수 있는 의태어는 다 갖다 썼습니다. 아무래도 브랜드 이름이 '번개'이다 보니 컨셉을 확실하게 정할 수 있었습니다.

132 투자를 뚝딱! 깨비증권

금융은 딱딱합니다. 설명하기도 어렵습니다. 'KB증권'은 자사 브랜드를 발음이 비슷한 '깨비증권'이라는 쉽고 젊은 이름으로 리브랜딩했습니다. 뚝딱은 도깨비가 요술 방망이를 휘두르는 모양을 흉내 낸 의태어입니다. '투자'와 '뚝딱'이라는 단어는 거리가 꽤 멀지만 투자가 쉽고 빠르다는 의미의 '깨비증권'이라는 컨셉으로 묶여 신선한 결합을 만들어냈습니다.

133 새로 나온 비트 캡슐은 때를 쏙 빼지 않거든요
그럼 어떻게?
쏘오오오오옥 빼는
비트와 캡슐이 완성한
극강의 빨래 쾌감
비트 캡슐 한 알이면?
때가 쏘오오오오옥
처음 느끼는 빨래 쾌감, 비트 캡슐

역사상 의태어를 가장 잘 쓴 브랜드 중 하나인 비트에서 새로운 광고를 냈습니다. '때가 쏙 비트'라는 브랜드 자산을 활용해 '때가 쏘오오오오옥'이라는 카피를 만들었습니다. 역시 의태어 맛집이 만들면 맛이 달라도 뭐가 좀 다릅니다.

카피는 그 자체로
비주얼 광고가 된다

카피는 메시지를 담은, 글자로 만들어진 그릇이지만 카피 그 자체로 비주얼이기도 합니다. 글자의 모양으로 재미를 더할 수 있다면 메시지의 설득력도 올라갑니다. 그래서 카피를 비주얼로 활용하기 위해 글자와 시각적으로 닮은 것들을 묶어 연상을 유도할 수 있습니다. 문자가 다른 문자와 닮아 있거나, 그림과 닮아 있는 사례들을 소개하겠습니다.

물론 연상 없이 글자 자체를 디자인할 수도 있습니다. 예를 들어 'Falling'이라는 단어를 아래로 점점 작아지거나 기울어지게 배열하면, 실제로 무언가가 떨어지는 모습을 연상시킬 수 있습니다. 하지만 이런 방식은 디자인과 관련된 내용이라서 이번 장의 주제인 '무언가의 힘을 빌려 오는 방법'에 조금 더 집중해 보겠습니다.

문자와 문자의 유사성 이용하기

(#문자와 문자)　(#한글—한글)　(#영어—로마자)　(#한글—로마자)　(#한글—숫자)　(#대칭 문자)

문자끼리의 시각적 유사성을 활용한 사례입니다.

1) 한글—한글

'명작'을 생김새가 비슷한 '띵작'이라고 장난스럽게 부르기도 합니다. 그런데 예전에 파파고 번역기가 '띵작'을 'rnasterpiece'로 번역해 화제가 된 적이 있습니다. 한글에서 '며'와 '띠'의 생김새가 비슷하다는 점을 놓치지 않고 'm'과 모양이 비슷한 'rn'으로 바꿔서 번역한 것입니다.

134　괄도네넴띤

꽤 비슷한 생김새를 보이는 한글들이 있습니다. '팔'과 '괄'이 그렇고, '비'와 '네'가 그렇습니다. 한창 인터넷에서 이슈가 되자 팔도에서 놓치지 않고 팔도비빔면의 '괄도네넴띤' 에디션을 내놓았습니다.

2) 영어—로마자

사실 이런 언어유희는 영문화권이 먼저입니다. 컴퓨터 문서상에서 알파벳을 다른 기호로 치환해 적는 방법에서 시작했습니다. '리트leet, 1337'라고도 불리는데, 초기에는 해커들의 언어였다고 합니다.

135　레몬에이드 Lemonade

리트를 활용한 언어유희를 한국에서 적용한 사례도 있습니다. 2000년대 후반 썬키스트의 레몬에이드 패키지입니다. 영어 'Lemonade'의 알파벳을 하나하나 뜯어보면 'L' 대신 일본 히라가나 'し', 'm' 대신 'ㅌ'을 회전시켜 넣은 것 등을 볼 수 있습니다.

3) 한글—로마자

한글과 알파벳의 생김새의 유사성을 활용할 수도 있습니다.

136　신차장 DIRECT
　　뜸 들이지 말고 신차장 다이렉트

롯데렌터카 신차장 다이렉트에서는 'DIRECT'에서 'DIR'라는 글자와 한글 '뜸'이 비슷하다는 것을 발견해서 활용했습니다. 광고 모델이 뜸이라는

글자를 옆으로 넘어뜨리면 DIR로 바뀝니다. 이후 "뜸 들이지 말고 신차장 다이렉트"라는 카피로 깔끔하게 연결됩니다.

4) 한글─숫자

한글과 숫자의 생김새의 유사성을 활용한 사례입니다.

137   2020년은 '함께 행복'의 해

2020년 SK그룹 신년 광고 카피입니다. 숫자 '20'을 세로로 쓰면 자음 'ㅎ'과 시각적으로 유사하다는 것을 발견했습니다. '2020'이 'ㅎㅎ'이 되었고 PR 카피에 적절한 '함께 행복'이라는 카피로 완성됐습니다.

5) 대칭 문자

곰이 산에서 굴러떨어질 때 어떻게 굴러가는지 아시나요? '곰문곰문곰문곰문' 하고 굴러갑니다. 이처럼 대칭으로 뒤집어도 유의미하게 읽히는 문자를 '대칭 문자ambigram'라고 합니다.

---

138 앗! 매워~ 매운맛에 뒤집어지다

농심 앵그리 RtA

라면 '너구리' 포장지의 글자를 거꾸로 보니 'RtA'라는 문자처럼 보인다는 발견이 인터넷에서 화제가 되었습니다. 농심에서 이 밈을 놓치지 않고, 너구리 매운맛 버전으로 '앵그리 RtA'를 출시했습니다. 너무 매워서 뒤집어진 세 배 사나운 너구리 컨셉입니다.

---

139 보여줘! 노담사피엔스의 미친 능력을

#NODAM사피엔스

#MADON챌린지

금연 공익 광고 캠페인에서는 'NODAM'이라는 글자를 거꾸로 뒤집으니 'MAD ON'이 된다는 사실을 발견했습니다. 이를 컨셉으로 노담이라 가능한 미친 능력들, 이를테면 기억력 상승이나 체력 증진 같은 요소를 녹여 챌린지로 재밌게 풀어냈습니다.

비주얼 아이디어로 사로잡기

#문자와 그림

문자와 비주얼의 시각적 유사성을 활용한 사례입니다. 여기서부턴 카피보다는 비주얼 아이디어의 영역에 가깝지만, 재미있는 사례가 많아 소개하겠습니다.

140 같은 iPhone 12도

유플러스로 다르게

Z 맘대로

'='·'≠'·'Z' 무려 세 가지 문자의 시각적 유사성을 활용한 광고입니다.

등호(=)에 '다르게'라는 카피와 함께 빗금(/)이 그어지고 부등호(≠)가 됩니다. 부등호는 알파벳 Z가 되어 'Z 맘대로'라는 카피가 됩니다.

같은 아이폰 12라도 유플러스에서 쓰면 Z세대 맘대로 다르게 쓸 수 있다는 메시지입니다.

141　너,

보는 눈

있잖아

KOLON MALL

코오롱 몰에서는 'KOLON'이라는 글자에서 'OLO'에 주목했습니다. 사람의 눈, 코와 비슷한 모양이라는 데서 착안해 코오롱 몰을 이용하는 사람들을 '보는 눈' 있는 사람들이라고 말합니다.

142　2017년,

희망의 문이 열렸습니다

2017년 SK그룹 신년 광고입니다. 숫자 7이 문이 살짝 열린 모습과 유사하다는 것을 발견했습니다. 7이 행운의 숫자인 만큼 희망의 문이 열렸다는 카피로 완성했습니다.

143 현대엘리베이터의 시작은 IF

엘리베이터가 로봇과 교감한다면

엘리베이터 공기가 숲속 같다면

걸어가면서도 부를 수 있다면

나에게 맞춰 움직인다면

상상만 했던 일들을 일상으로 만드는 게

현대엘리베이터의 일이니까

바로 이렇게

See your tomorrow

생김새가 비슷한 숫자 1과 영문 I를 활용했습니다. 엘리베이터의 시작은 1층이고 first floor라는 뜻에서 1F라고 표기합니다.

그런데 현대엘리베이터가 만들면 그 엘리베이터의 시작은 1F가 아닌 IF라고 말합니다. 만약(IF)이라는 질문에서 현대엘리베이터만의 혁신이 시작됐다는 뜻입니다.

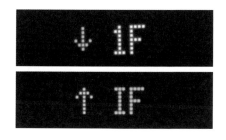

144 **가능성이 실현되는**

환희의 순간을

당신은 경험하고 있습니까?

일류 브랜드의 기업 PR 광고는 다양한 목적을 담고 있습니다. 인지도 제고도 중요하지만 구성원이 자부심을 가질 수 있는 메시지가 필요합니다.

"Yes, We Do"

We Do Technology

하이닉스의 슬로건에서 'Do'가 '∞' 기호로 표현되어 있습니다. 그들이 기술Technology을 무한대(∞)로 구현할 수 있는(Do) 이유는 구성원들의 퍼포먼스 덕분이겠죠. 직원의 성장이 회사의 성장으로, 그것이 다시 직원의 성장으로 이어지는 선순환을 보여주기도 합니다.

이건 제가 쓴 카피인데요. 온 에어되진 않았지만 쓰면서 조용히 만족했던 카피입니다. 반박 시 여러분 말이 무조건 맞습니다.

카피 TIP **카피를 디자인 하기**

카피에 메시지와 어울리는 폰트 디자인을 입히면 전달력을 높일 수 있습니다. 내가 적은 문구가 어떤 폰트와 어울리는지 비교할 수 있는 사이트를 소개합니다.

한글 폰트 사이트: 눈누(https://noonnu.cc/)
영문 폰트 사이트: wordmark(https://wordmark.it/)
     myfonts(https://www.myfonts.com/)

(#오마주) (#패러디)

대담하고 명백하게
빌려 쓰기

무언가의 힘을 빌려 쓰는 이야기가 계속되고 있는데요. 이번엔 정말 대놓고 빌리겠다는 의지가 느껴지는 오마주·패러디 파트입니다.

오마주hommage는 프랑스어로 '존경'이라는 뜻입니다. 누구나 아는 작품의 핵심 요소를 따라 하거나 인용하는 것을 말합니다. 패러디parody는 오마주와 비슷하지만 풍자적인 요소를 녹여 희극적으로 따라 하는 것을 말합니다. 그래서 존경하거나 조롱하거나 둘 다 할 수도 있습니다. 이러나저러나 누구나 아는 원작의 힘을 빌려 온다는 뜻입니다. 여기서는 당연히 원작에 나온 문장의 힘을 빌려 온 사례를 소개합니다.

핫한 밈 재빨리 쓰기

#트렌드

전략상 시의성이 필요할 땐 '트렌디한 무언가'의 힘을 빌립니다. 최근에 인터넷에서 화제가 되고 있는 댓글 표현이나 SNS의 콘텐츠 등 '밈meme'이라고 불리는 것들을 활용할 수 있습니다. 중요한 건 한창 핫할 때 재빨리 쓰는 것이므로 밈의 유통기한을 잘 체크해야 합니다.

---

145 **먹어봐. 아는 맛보다 맛있으니까**

한동안 다이어트와 관련해 "어차피 아는 맛이라 안 먹어봐도 돼"라는 표현이 유행했습니다. 시간이 지나자 이 표현은 '아는 맛이라 더 맛있다'라는 뜻으로 바뀌었습니다.

맛에 자신 있던 THE미식 비빔면은 한술 더 떠서 "아는 맛보다 더 맛있다"라고 했습니다. 라면에 진심인 우리나라 사람들은 새로운 라면이 출시되어도 이미 다 아는 맛이라고 생각할 가능성이 높은데요. 소비자에 대한 분석과 트렌드를 잘 결합한 카피입니다.

146 너 뭐 좀 돼?

뭐 좀 되지

시원함 좀 되고

(국내 최대 자이언트 웨이브)

스케일 좀 되고

(국내 최대급 규모 축구장 17배)

스릴 좀 되는

(익사이팅 토네이도 슬라이드)

뭐 좀 되는 워터파크

롯데워터파크

2022년은 레오제이라는 유튜버의 "너 혹시 뭐 돼?"라는 유행어가 휩쓸었습니다. 유행어는 원래 '너 뭔데 그렇게 까부냐'라는 의미입니다. 광고에서는 이 질문에 '뭐 좀 된다'라고 오히려 당당하게 대답하고 그 자신감의 근거로 브랜드의 USP를 보여줍니다.

---

147 **최종.JPG**

진짜최종.JPG

진짜진짜최종.JPG

완전최종.JPG

제발최종.JPG

카메라바꾼다.JPG

진짜절대…

이 세상 JPG들에게

오직 하나의 이름을

대학생과 회사원에게 많은 공감을 샀던 밈을 익서스에서 놓치지 않았습니다. 수많은 'JPG'들이 서로 다른 이름으로 만들어지는 이유는 기존 카메라들의 좋지 않은 성능 탓이라고 말합니다. 익서스를 쓴다면 "이 세상 JPG들에게 오직 하나의 이름을" 주겠다는 마무리까지 깔끔합니다.

148 들숨에 호올스
날숨에 릴렉스

감사함을 표현할 때 "들숨에 건강 날숨에 재력을 얻으라"라는 표현이 유행했습니다. 숨 쉬듯 복 받으라는 뜻입니다.

'호올스'는 먹으면 입과 목에 청량감을 주는 목캔디 브랜드입니다. 숨 쉴 때마다 얻을 수 있는 소비자 베네핏이 호올스라는 브랜드와 잘 어울립니다.

누구나 아는 문장은 힘이 세다

(#클래식)

여기서 말하는 클래식은 사자성어, 속담, 격언, 관용어구 등 고전으로서 입지가 탄탄한 문장들을 말합니다. 어떤 것이 갖고 있는 권위의 힘을 빌리고자 할 땐 '클래식한 무언가'의 권위가 그만입니다.

149 이런 말이 있지

노력하는 자는 즐기는 자를 이길 수 없다

하지만 150km/h의 봄에 오르는 것은

즐길 수 있는 두려움이 아니다

지구 중력의 5배를 견디는 것은

즐길 수 있는 고통이 아니다

이 모든 것을 이겨내기 위해

이곳엔 오직 노력하는 자들만이

존재할 뿐이다

design that moves

descente

클래식의 권위에 도전하는 건 쉬운 일이 아니지만 누군가는 기어이 해내고 맙니다. 데상트는 '즐기는 사람이 성공한다'라는 말을 정면으로 반박했습니다. 수많은 범인은 노력으로 성과를 만들어내고, 즐거움만으로는 그 노력을 뒷받침하기 어렵다고 말하죠.

150 적에게 이 카드를 알리지 말라

나만 강해야 되니까

일상에서 쓸 때마다

넥슨 현대카드 포인트 최대 3%

적립!

일상이 게임력이 되는 카드

넥슨 현대카드

이순신 장군의 유명한 말 "적에게 내 죽음을 알리지 말라"를 패러디했습니다. 원문에 비장함이 가득했다면, 가져올 땐 귀여움이 묻었습니다.

말로는 다른 유저들에게 알리지 말라고 하지만 자기 편에게는 몰래몰래 알려줄 것 같은 느낌입니다.

카피 TIP   관용어구, 사자성어, 속담, 격언 모음

방귀 좀 뀐다는 격언들에 대항한 사례는 꽤 많습니다. "늦었다고 생각할 때가 정말 늦었다" "티끌 모아 티끌" 같은 말은 이미 유명하고요. "발등에 불 떨어져서 그저 따스하게 느끼고 있다"는 시험 기간 대학생의 댓글이나 "직업에 귀천은 없지만 기술은 귀하다"라는 신입생 모집 문구도 참 재미있습니다.

카피에 활용하기 좋은 관용어구, 사자성어, 속담, 격언을 정리해 봤습니다. 하나 골라서 써 보세요.

① 관용어구

입에 침이 마르다: 다른 사람이나 물건에 대하여 거듭해서 말하다

눈에 불을 켜다: 몹시 욕심을 내거나 관심을 기울이다

발이 넓다: 아는 사람이 많고, 인맥이 넓다

손에 땀을 쥐다: 아슬아슬하여 마음이 조마조마하도록 몹시 애달다

귀가 얇다: 남의 말을 쉽게 받아들이다

② 사자성어

산전수전(山戰水戰): 세상의 온갖 고생과 어려움을 다 겪었음을 이르는 말

고진감래(苦盡甘來): 고생 끝에 즐거움이 옴을 이르는 말

이심전심(以心傳心): 마음과 마음으로 서로 뜻이 통함

백발백중(百發百中): 백 번 쏘아 백 번 맞힌다는 뜻으로, 총이나 활 따위를 쏠 때마다 겨눈
곳에 다 맞음을 이르는 말

유비무환(有備無患): 미리 준비가 되어 있으면 걱정할 것이 없음

③ 속담

가는 말이 고와야 오는 말이 곱다: 내가 남에게 잘해야 남도 나에게 잘한다는 뜻

티끌 모아 태산: 작은 것들을 모으면 큰 것을 이룰 수 있다는 의미

우물 안 개구리: 좁은 시야로 세상을 보는 사람을 비유한 표현

등잔 밑이 어둡다: 가까운 곳에서 일어나는 일을 오히려 잘 알지 못한다는 의미

사촌이 땅을 사면 배가 아프다: 가까운 사람이 잘되는 것을 시기하고 질투한다는 뜻

④ 격언

시작이 반이다: 일단 일을 시작하고 나면 끝내는 것은 어렵지 않다는 뜻

하늘은 스스로 돕는 자를 돕는다: 어떤 일을 이루기 위해서는 자신의 노력이 가장 중요하
다는 것을 이르는 말

시간은 금이다: 시간을 소중히 여겨야 한다는 뜻

공든 탑이 무너지랴: 정성을 들여 한 일은 쉽게 무너지지 않는다는 의미

말 한마디에 천 냥 빚을 갚는다: 말만 잘하면 어떤 어려움도 해결할 수 있다는 뜻

오리지널리티의 힘

#콘텐츠

콘텐츠의 힘을 빌린다는 건 오리지널리티의 힘을 빌리려는 의도입니다. 소설, 영화, 만화, 웹툰, 다큐, 기사 등 각종 콘텐츠의 내용과 포맷이 가진 힘을 빌려서 카피에 적용할 수 있습니다.

---

151 나 혼자 산다

근데

물티슈는 나 혼자 안 산다

공구마켓에서 같이 산다

식품에서 명품까지

둘만 모여도 세상 쉬운 공동 구매

공동 구매는 공구마켓

〈나 혼자 산다〉라는 예능 프로그램의 이름을 빌렸습니다. 나 혼자 살지언정 물건만큼은 같이 산다고 말하며 '산다'라는 중의적 의미를 활용한 표현이기도 합니다.

공동 구매에 관심 많은 1인 가구가 공감할 만한 메시지입니다.

---

152 **당신의 좌절이 보고 싶다**

그리고 그것을 뛰어넘는 당신도

다시 게임을 시작하지

영화 〈쏘우〉의 명대사 "Let the game begin(게임을 시작하지)"에는 무려 '게임'이라는 단어가 들어있습니다. 게임 광고에서 차용하기 좋다는 의미죠. 원작 특유의 호러 분위기마저 이

UNDECEMBER

지금 사전예약 중

게임의 톤과 잘 맞아떨어집니다. 누군가의 좌절은 돕거나 없애주고 싶은 감정입니다. 그런데 '언디셈버'는 오히려 좌절이 보고 싶다고 말합니다. 좌절을 뛰어넘는 모습에서 경이로움이 느껴지기 때문입니다. 이 게임은 난도가 꽤 높고 직접 플레이해야 하는 요소가 많습니다. 해당 게임을 즐기는 소비자의 성향과 잘 어울리는 카피입니다.

153

여자: 포커에서 이기는 기술은 단 하나

이병헌: 스스로 고수가 되는 것. 그리고, 그 자리를 내어주지 않는 것

정우성: 한 수 배워가겠습니다
남자: 잘난 척은 여전하시네. 외통수에 빠질 팔자로구나
정우성: 그래봤자 바둑. 그래도 바둑

한게임에서 바둑, 포커, 섯다를 묶어 패키지 광고를 진행했습니다. 각 게임 분야의 바이블이라고 할 수 있는 드라마 〈올인〉, 영화 〈타짜〉와 〈신의 한수〉를 패러디했고 해당 영화의 주인공 이병헌, 정우성, 조승우 배우까지 전부 캐스팅한 블록버스터급 광고입니다.

4분짜리 긴 광고지만 연출도 좋아서

조승우: 어젯밤에 좋은 꿈들은 꾸셨나? 가볼까요? 그렇죠~ 누가 인생을 나가리라고 했을까요? 어이쿠, 속 좀 쓰리시겠어

정우성: 여전들 하시구만
조승우: 종목은 뭘로 하실까? 포커? 아님 바둑? 섯다로 할까?
정우성: 준비는 된 것 같은데
이병헌: 그렇다면 한게임 할까?

한게임 하는 자들 모두, 여기에 대한민국 가장 큰판. 한게임

직접 영상을 보는 걸 추천합니다.

오마주나 패러디를 통해 원작의 힘을 빌릴 땐 원작이 확연히 드러나게끔 가져와야 합니다. 어설프게 바꿔오면 원작이 희미해져서 그 힘을 제대로 빌려 올 수 없습니다. 일부러 원작의 흔적을 지우면 표절로 의심받을 수도 있습니다. 물론 원작 레토릭의 장점만을 따다 적용할 수도 있습니다. 오마주와 표절의 선을 잘 조율할 수 있는 감각이 있다면 도전해 보세요.

#게임

놀이를
장치로 활용하기

놀이를 광고 내 장치로 활용하는 방법입니다. 놀이는 오로지 재미를 위해 만들어졌고 사람들에게도 익숙하기 때문에 브랜드와 잘 붙기만 하면 이만한 포맷도 없습니다.

끝말잇기나 퀴즈 같은 언어 놀이들은 카피에 바로 활용하기 좋고, 퍼즐 맞추기나 다른 그림 찾기 같은 놀이는 비주얼 요소로 쓰기 좋습니다. 광고에 적용된 사례들을 소개해 보겠습니다.

놀이가 카피가 된다

#언어 놀이 #끝말잇기 #낱말 퍼즐 #퀴즈 #팬그램 #리포그램 #잰말 놀이

카피에 바로 쓰기 좋은 언어 놀이 사례들입니다.

1) 끝말잇기

154

새침대—대청소해야할때—때마
다—다녀가시어—어느새—새침대

새 침대로 끝없이 이어지도록

(4개월마다 전문적인 케어)

새침대—대책이필요할때—때마
다—다시바꾸어—어느새—새침대

새 침대로 끝없이 이어지도록

(3년마다 토퍼 무상 교체)

끝말잇기가 무한으로 이어진다면 어
떨까요? 하고 싶은 말을 계속 이어서
할 수 있습니다. 때마다 침대를 청소
해 새 침대로 다시 돌아온다는 메시
지를 무한 끝말잇기로 절묘하게 이었
습니다.

155 근육 육아 아침 침대=과학

당신은 이미 답을 알고 있다

모두가 아는 숙면 공식

침대는 과학이다

끝말잇기는 답이 있는 놀이는 아닙니다. 말끝을 잡고 새로운 단어를 연상해 내는 놀이죠. 하지만 중간에 침대라는 단어가 나온다면요? 에이스침대에게 답은 정해져 있습니다. 이미 '침대=과학'이라는 공식에 익숙하기 때문이죠. 브랜드 자산을 언어 놀이로 잘 활용한 사례입니다.

156 우리가 심은 나무 한 그루

나무 한 그루에 생겨나는 이끼

이끼에 생겨나는 미생물

미생물이 되살리는 토양

토양이 피워낸 꽃들

꽃들이 불러온 벌들

벌들이 퍼뜨리는 식물들

식물들이 불러온 동물들

동물들이 이뤄가는 생태계

생태계가 되살리는 건강한 생태계

건강한 생태계에서 스스로 태어나는

끝말잇기까진 아니지만 마지막 단어를 다음 문장의 맨 처음에 말하며 꼬리물기를 하는 포맷입니다.

한화그룹에서 숲 조성 프로젝트를 진행하는데요. 경북 울진에 나무를 심고 그 나무가 생태계에 미칠 선순환에 대해 말하고 있습니다. 생태계의 선순환과 꼬리물기 패턴이 잘 어울립니다.

더 많은 숲들

지구의 빈자리만 찾아 나무만 심는

숲이 아니라

탄소도 줄이고 다양한 생물들까지

살려내는 숲

2) 낱말 퍼즐

157 크릴오일

오메가3

흡수가 잘 되는지

인지질

크릴오일은 일반 오메가3에 비해 흡수가 잘된다는 메시지를 낱말 퍼즐 포맷에 담았습니다.

전달하려는 메시지마다 겹치는 글자가 있어야 하고, 부드럽게 카피로 이어지려면 논리 순서대로 글자가 겹쳐야 해서 활용하기 쉬운 포맷은 아닙니다.

'인지질'이라는 글자가 비커에 떨어지면서 인지질이 있는 비커의 '크릴56'이 더 잘 녹는다는 것까지 직관적으로 보여주고 있습니다.

3) 퀴즈

"넌 우리 회사에 왜 지원했어?"

"뭘 물어 돈 벌러 왔지"

"우리 돈 적게 주는데. 갈 데 없었나 봐"

"응 중소한테 큰 거 안 바라"

"나중에 정직원은 꿈도 꾸지 마"

"그때까지 안 있을 꼰대~"

이 상황에 가장 없는 것을 고르시오

1. 합격

2. 싸가지

3. 꼰대

4. 존중

존중 없는 세상

굴러갈 수 있어?

그럴 수 없어

MZ세대 타깃으로 '존중'이라는 키워드를 내세워 기업 PR을 하고 싶었던 식품 회사의 광고 카피입니다. 존중이 없어진 세상이라는 설정으로 직장인들의 살벌한 대화가 오가는데요. 중간에 삽입된 퀴즈 포맷이 분위기를 현실로 전환하면서 주목도를 높이는 역할을 해줍니다.

상주와 함께 울어본 적이 있다 V예

쓰지 않은 품목은 비용으로 돌려 드린 적이 있다 V예

마음 외에는 어떤 것도 받은 적 없다 V예

장례 21단계를 모두 진행할 수 있다 V예

국가자격증 따고도 별도의 실무 경험을 경험했다 V예

상조는 결국 사람의 일, 사람의 차이가 상조의 차이라고 생각한 적이 있다 V예

나는 예다함의 장례지도사입니다

퀴즈와 비슷한 설문 포맷입니다. 연속되는 질문에 '예'라고 대답하면서 '예다함'이라는 상조회사의 장점을 자연스럽게 전달했습니다. 브랜드명을 잘 활용한 사례입니다.

4) 팬그램

영어에선 알파벳의 모든 글자를 사용해 만든 문장을 팬그램pangram이라고 합니다. 'the quick brown fox jumps over the lazy dog'가 알파벳 A부터 Z까지 모두 들어가는 팬그램의 대표적인 문장이고 MS 윈도우의 글꼴 보기 문장으로도 유명합니다.

한글에서는 모든 글자를 사용하는 것은 불가능에 가깝기 때문에 모든 자음 혹은 모음이 포함되어 있으면 팬그램으로 인정합니다.

'다람쥐 헌 쳇바퀴에 타고파'는 한글 자음을 모두 활용해 만든 문장이고 '그 늙다리만 본선에 진출케 투표해'는 자음을 순서까지 맞춰 전부 활용한 문장입니다.

---

160   **누구나 쉽게 익히고**
쉽게 사용하도록 만들어진 한글
덕분에 우리 문화도 아름답게 꽃을
피울 수 있었습니다.
그 마음을 배우며
누구나 쉽게 아름다워지는 세상을
그려봅니다.

ㄱ부터 ㅎ까지

ㅏ부터 ㅣ까지

가히

오늘 한글을 다시 바라봅니다.

화장품 브랜드 가히에서 한글날 시즌 광고를 집행했습니다. '가히'라는 낱말은 자음과 모음의 처음과 끝을 담고 있는데요. 그 특징을 활용해 한글 자모를 전부 보여주고 마지막에 가히로 정립시킵니다.

팬그램까진 아니지만 자음과 모음을 모두 사용한다는 개념이 비슷합니다.

5) 리포그램

팬그램의 반대 개념으로, 특정 글자를 사용하지 않고 문장을 만드는 것을 리포그램Lipogram이라고 합니다. 글자가 부재하면 오히려 그 뜻이 도드라지기 때문에 무엇을 빼서 어떻게 강조할지 다양하게 만들어볼 수 있습니다.

161 위키에서 무슨 말장난을 찾으려 하나. 왜 하필 이 문서로 왔나. 회문 따위의 좋은 언어유희도 많은데. 알트와 화살표를 눌러 다른 문서를 찾아보아라. 나는 회문을 추천한다. 얻으려는 "무엇"이 있어서… 눈썰미 좋은 사람은 이 문단만 보면 일의 전말을 알아채 위에서 말한 행동을 실천하였을 터. 눈치를 못 챘다면 컨트롤 에프를 눌러 훈민정음의 첫 자음이 몇 번 나왔는지 세어보자. 저 방법으로도 못 한다면 두 눈을 활용해 일일이 세어보자. 나는 눈을 비벼봐도 안 보인다. 나는 찾지 못했지만, 당신은 찾았나? "예"라는 대답을 했다면 음… 할 수 없지.

이 글의 비밀을 찾으셨나요? 모든 문장에 'ㄱ'이 한 번도 나오지 않습니다. 이걸 만든 분이 정말 존경스럽습니다.

162	녀노소 **무관 선착순**	'남녀노소'에서 '남' 글자를 없앴습니
	여름 할인 이벤트	다. 브랜드만의 특징인 '여성'을 강조
		하기 위해 익숙한 표현에서 '남'을 없
		애버렸죠.

163	든 면에서 완벽한	결핍을 강조하고 싶은 단어를 아예
	김계란 씨를 위해. ○○가발	삭제해서 더욱 도드라지게 만들 수도
		있습니다. '모든 면'에서 '털 모毛' 글
		자를 없애 털이 없다는 걸 오히려 부
		각하는 거죠(팬입니다, 김계란 씨).

6) 잰말 놀이

발음이 어려운 단어를 빠르게 말하는 놀이입니다. 혀 꼬임말Tongue-twister이라 고도 합니다. 형돈이와 대준이의 〈한 번도 안 틀리고 누구도 부르기 어려운 노래〉는 혀 꼬임말을 모아서 만든 가사로 이루어져 있습니다. '왕밤빵' '풋팥죽' '철수 책상 철 책상'처럼 어려운 발음을 빠르게 말합니다.

| 164 | **동원 참치 한숨에 한 캔** | 동원참치에서 아이브 유진을 모델로 |
| | **난 아이브 안유진** | 잰말 놀이를 활용했습니다. 빠르게 말 |

좋아하는 참치는 라이트 스탠다드
고추참치 야채참치 바로 먹는
네모 참치 큐브
좋아하는 참치 레시피는 참치마요
참치김치찌개 참치라면 참치샐러드
다채로운 중에서도 제일 좋은 건 역
시 까서 바로 먹는 한 캔이죵
이건 맛의 대참치
믿음의 한 캔 동원 참치

하면 같은 시간에 메시지를 많이 담
을 수도 있고 언어 차력 쇼로 느껴져
서 재미도 있습니다.

동원은 젊은 타깃이 좋아할 키치한
광고를 잘 만들어내는 브랜드입니다.
아이디어를 내는 입장에선 이런 광고
주들이 정말 반갑습니다.

놀이를 활용한 비주얼 광고

#비주얼 놀이   #퍼즐   #다른 그림 찾기

광고에 놀이를 활용할 땐 놀이의 비주얼 코드를 비주얼 아이디어로 녹여내기 좋습니다. 지금부터 나올 사례는 카피는 아니지만 영감을 얻기 좋아 소개합니다.

1) 퍼즐

165   **Missing a piece**

(잃어버린 조각)

퍼즐을 맞춰 보니 마지막 퍼즐 한 조각이 모자랍니다. 아이의 손 아래 자리네요. 이 아이에게 부족한 퍼즐은 물입니다. 물이 생명 유지를 위해 필수적인 퍼즐 조각이라는 메시지를 퍼즐 놀이 포맷으로 전달했습니다.

2) 다른 그림 찾기

166 It's great to change everyday

(매일 바꾸는 것은 멋진 일입니다)

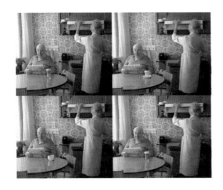

얼핏 보면 다 똑같은 사진처럼 보입니다. 그런데 사진을 자세히 보면 할아버지는 매일 다른 커피를 마시고 있습니다. 네스프레소의 커피는 종류별로 다 맛있다는 메시지를 다른 그림 찾기로 표현했습니다.

아직 활용되지 않은 수많은 놀이들이 있습니다. 섞인 노래 맞추기, 이야기 그림 순서 카드, 받침 빼기 등이 있죠. 물론 먼저 활용하는 사람이 임자입니다.

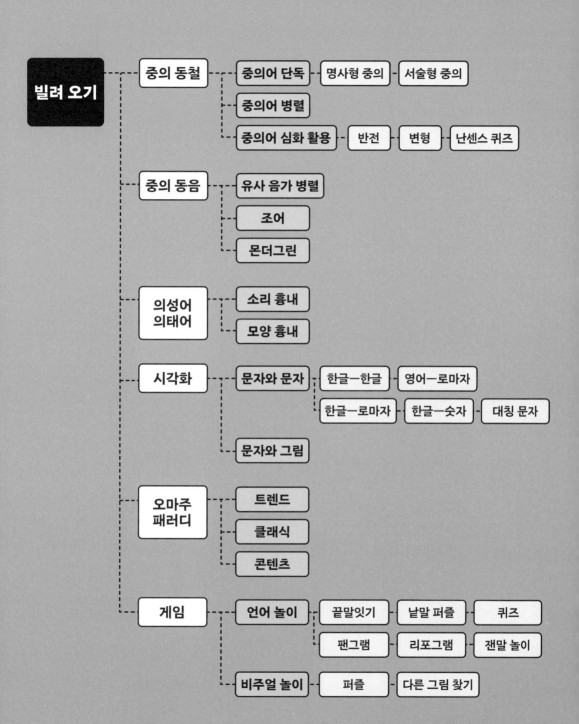

4장

카피의
구조를 바꿔라

입체적인 구조가 주는
새로움

3장까지는 카피 한 줄 한 줄을 위한 분류였다면, 4장에서는 카피의 전체적인 구조를 다채롭게 만들어줄 방법들을 소개하겠습니다.

스토리는 기승전결이 중요하지만 광고는 브랜드의 목적 달성이 더 중요합니다. 브랜드의 목표에 따라 다양한 메시지를 전달해야 하는데, 광고 시간이 짧기 때문에 전체적인 구조가 단순해지는 경우가 많습니다. USP가 단순 나열되는 구조나 문제와 해결책이 바로 이어서 등장하는 P-SProblem-Solution 구조가 많이 보이는 이유입니다. 하지만 직선이 곡선보다 지루하듯, 단순하고 익숙한 구조는 눈길을 끌기 어렵습니다. 청자의 시선을 잡아두려면 더 입체적인 구조가 필요합니다.

'애큐온 저축은행'의 광고로 예를 들어보겠습니다. 저축은행은 사람들에게 어필할 때 '어려운 상황에 처한 당신, 저금리 대출이 필요하세요? ○○저축은 행이 있습니다'라는 구조를 많이 씁니다. 하지만 애큐온은 조금 색다른 구조를 만들었습니다.

---

167 아직 목표를 이루지 못했다

실패할 수 있다

가진 것이 충분하지 않다

미래는 불투명하다

이것이 금융이 당신을 돕지 않는 이유

미래는 불투명하다

가진 것이 충분하지 않다

실패할 수 있다

아직 목표를 이루지 못했다

이것이 애큐온이 당신 곁에 존재하는 이유

금융의 본질로 정확하게 돌아가다

메이저 금융권의 문제는 재미있게도 사람들의 문제를 해결해 주지 못한다는 점입니다. 실패할 가능성이 있고 가진 것이 충분하지 않은 사람들일수록 메이저 금융의 문턱은 높아지기 마련입니다. 애큐온은 메이저 금융권이 풀지 않는 문제를 자신들이 풀어준다고 말합니다. 문제는 낙인을 찍으려고 존재하는 것이 아니라 풀기 위해 존재한다고, 그것이 금융의 본질이라고 말이죠. 같은 문제를 다르게 바라보는 시선으로 광고의 전반부와 후반부를 입체적으로 구성했습니다.

이처럼 구조를 다채롭게 만드는 방법은 다양합니다. 눈길을 끄는 광고는 구조를 달리해 리듬감을 만들거나 호흡을 조절하기도 합니다. 키워드로 묶거나 반대로 키워드를 풀어 재밌게 재구성할 수도 있습니다. 익숙한 USP나 P-S 구조에 변화를 줄 수도 있습니다.

이 모든 것은 오직 메시지를 정확하게 전달하고 청자의 흥미를 돋우기 위해서입니다. 아무리 뒤틀어도 본질은 늘 같습니다. 브랜드의 목적 달성이죠.

카피의
맛 살리기

카피 분류를 시작했을 때 가장 먼저 정리한 것이 바로 이 '운율' 파트입니다. 그만큼 운율은 제가 카피라이팅에서 중요하게 생각하는 것입니다.

운율은 레토릭의 일종이면서도 영어로는 '리듬Rhythm'이라, 읽는 것만으로 소리가 들리는 듯한 효과를 줄 수 있습니다. 문장의 음성적 형식을 말하는 운율은 '압운'과 '율격'으로 나뉩니다. 압운은 일정한 자리에 발음이 비슷한 음절의 같은 운이 규칙적으로 반복되는 것을 말합니다. 율격은 소리의 고저, 장단, 강약, 글자의 수 등이 주기적으로 반복되는 것을 말합니다.

운율은 내용이 워낙 방대해서 전부 설명하자면 진이 다 빠질 겁니다. 우리가 아는 운율은 대체로 압운에 해당하므로, 압운을 위주로 사례를 설명하겠습니다.

철없이

철 지나

철들지 못해

철부지에

철 그른 지 오래

빅뱅 노래 〈봄여름가을겨울〉의 가사입니다. '철'이 반복해서 나옵니다. 이처럼 앞이든 뒤든 중간이든, 자음이든 모음이든 반복하는 구조를 만드는 것이 '압운'입니다. 특정한 글자가 자리를 잡고 일정한 구조를 만든다는 게 핵심입니다.

철없이 철 지나 철들지 못해 철부지에 철 그른 지 오래

이번에는 가사를 일렬로 늘어놓아 보겠습니다. 글자들이 중간중간 자리를 잡은 것처럼 보입니다. 철, 철, 철, 철, 철. 박자가 느껴지나요? 우리가 아는 운율의 '박자감'과 '리듬감'은 이렇게 생겨납니다. 구조에서 일정하게 반복되는 글자들이 박자감과 리듬감을 만들어냅니다.

운율의 또 다른 장점은 반복되는 구조 자체에 있습니다. 여러 메시지를 정갈하게 쪼개어 보여주거나 반복되는 구조 안에서 메시지를 여러 번 강조하기도 좋습니다. 아니면 한 메시지를 향해서 몰아가는 구조를 짜기도 좋습니다. 이렇듯 운율은 감각적, 구조적으로도 확실한 강점이 있습니다. 프롤로그에서 소개했던 '따로 또 같이'처럼 운율이 대칭되는 구조까지 함께 보겠습니다.

같은 소리를 반복하기

#압운　#두운　#요운　#각운　#모운

압운은 일정한 자리에 발음이 비슷한 음절의 같은 운이 규칙적으로 반복되는 것으로 두운·요운·각운·모운이 있습니다.

1) 두운
맨 앞에 똑같은 단어나 비슷한 초성을 반복합니다.

168　솔빛 솔바람 솔내음 솔싹 추출물 함유. 솔의눈

'솔의눈'과 '매일유업'의 브랜드 이름으로 운율을 만들었습니다. 브랜드 이름과 운율이 잘 붙으면 메시지가 반복적으로 들어와 각인됩니다. 브랜드 인지도 올리기에는 그만입니다.

169　매일 아침 매일우유. 매일유업

170　스누피가 들어선 순간부터
숲을 몰고 다니는 기분
스누피 방향제

임의로 적어본 방향제 카피입니다. 스누피Snoopy는 한글로는 3음절, 영어로는 2음절입니다. '스누피'와 '숲을'을 함께 적으니 우리말과 영어를 섞은 독특한 운율이 만들어졌습니다.

2) 요운

구조 중간의 비슷한 위치에 같은 소리를 반복합니다.

171

SUV는 **넘**볼 수 없던
세련된 분위기부터
SUV를 **넘**어선
강렬한 퍼포먼스까지

'넘'이라는 글자가 가운데서 중심을 잡아줍니다. 가운데를 기준으로 앞뒤를 조금씩 변형하거나 대비를 줄 수 있습니다. 보다 단단한 느낌의 구조가 만들어졌습니다.

172

그 나무
아래 **머물면**
잊었던 나를 찾을 것 같고

그 나무
아래 **앉으면**
사무친 사람 만날 것 같고

그 나무
아래 오래 **앉으면**
어떤 길이 열릴 것 같다

김정희 시인의 〈보리수 아래〉입니다. '아래'라는 단어로 가운데서 기준을 잡아줍니다. 마지막 연의 '아래' 뒤에는 '오래'가 붙어 한 번 더 비틀었습니다. 보리수 아래 앉아보고 싶을 정도로 몰입감이 좋습니다.

3) 각운

맨 뒤에 똑같은 음이나 음의 무리를 반복합니다.

173　이것은 마치

　　　튀김의 극치

　　　미각의 잔치

　　　통닭의 이치

　　　통닭의 검증을 마치다

　　　가마치통닭

가마치통닭은 운율로 승부를 봤습니다. 맨 뒤에 '치'라는 단어로 운율을 만들어 놓고 튀김, 미각, 검증 등 가마치통닭의 장점을 구조마다 나누어 넣었습니다.

174　더 열심히 파고들고

　　　더 열심히 말을 걸고

　　　더 열심히 귀 기울이고

　　　더 열심히 사랑할걸……

정현종 시인의 〈모든 순간이 꽃봉오리인 것을〉의 일부입니다.

맨 앞에는 '더', 맨 뒤에는 '고'로 두운과 각운을 모두 활용했습니다. 마지막까지 '고'로 끝났으면 지루할 뻔했지만 조금 변주를 주니 전체적인 구성이 풍성해집니다.

175 유식혜 후식혜 씩식혜 비락식혜	비락식혜와 클린앤클리어의 카피가 비슷한 운율감을 보여줍니다. 클린앤클리어 쪽은 얼핏 보면 브랜드 이름과 카피가 맞지 않아 보이는데 왜 좋게 느껴질까요? 그 이유는 모음 의 성질과 관련 있습니다. 클린앤클리어 카피의 주된 운율을 만 드는 모음 'ㅐ'는 클린앤클리어의 마 지막 모음 'ㅓ'와 같은 음성 모음이기 때문입니다. 비슷한 음성적 성질로 마무리하니 어색함이 덜합니다.
176 깨끗하게 맑게 자신있게 클린앤클리어	

4) 모운

어느 위치든 같은 모음이나 음의 무리가 반복됩니다.

177 스타일이 고민될 때, 그럴 땐 웰메이드	가장 기본적인 모운입니다. 웰메이드 의 'ㅔ'와 비슷한 발음의 모음 'ㅐ'로 운율을 만들었습니다.

타코나에스

'ㅏ, ㅗ, ㅑ, ㅔ' 모음 운율을 활용했습니다. 이렇게 여러 모음을 활용해 볼 수도 있지만 모음의 숫자가 많아질수록 난도는 높아지겠네요.

카피 TIP   직접 모운 만들어보기

모운은 한국어에서 상대적으로 덜 드러나는 운율이지만 그렇기 때문에 보이지 않는 곳에서 은근하게 리듬감을 만들기 좋은 기법입니다. 아래처럼 임의로 모운을 만들어보는 연습을 해볼까요?

날 봐. 안 봐. 가봐. 나와. 사과. 하나. 사봐
저두. 겨우. 건물. 검수. 선수. 선출

'ㅏ, ㅘ', 'ㅓ, ㅜ'를 반복해서 임의로 모운을 만들어봤습니다. 같은 게 여러 번 반복되면 지루할 수 있지만 이렇게 조금씩 변형하면 싫증 나지 않습니다.

같이의 가치

모음 'ㅏ, ㅣ'를 활용했습니다. 추가로 자음을 하나 공유하면 운율감이 훨씬 잘 드러납니다.

구조와 리듬감 살리기

(#운율 대칭) (#단어 쌍) (#모음) (#자음+모음) (#회문)

지금까지는 일정 위치에서 하나의 음이 반복되며 구조와 리듬감을 만드는 운율이었다면, 문장 안에서 여러 운율이 서로 대칭되는 구조를 만들 수도 있습니다. 비슷한 형태가 앞뒤에 배치되기 때문에 그냥 운율보다 구조적인 장점이 강해집니다. 수미상관(처음과 끝을 비슷하게 작성해서 운율, 여운, 반복을 통한 강조의 효과를 얻을 수 있는 구성법)이 될 수도 있습니다. 이때는 사람들이 운율감을 알아차리기 더 쉽지만 너무 빤히 드러나 보일 수도 있어 섬세하게 다뤄야 합니다.

1) 단어 쌍 대칭

서로 뒤집힌 단어들을 앞뒤에 붙여 구조를 만듭니다. 자음과 모음이 모두 대칭되어 있지만, 뒤집어도 의미 있는 단어 쌍이 많지 않다는 한계가 있습니다.

---

179 **세대**를 뒤집어 **대세**가 된 지코 딘 못지않게 시작해 이건 **도시**를 뒤집을 **시도**지

〈요즘 것들〉이라는 노래의 래퍼 올티의 가사입니다. 뒤집었을 때도 의미가 있는 '세대/대세'와 '도시/시도'라는 단어들을 이용해 대칭된 운율 표현을 만들었습니다. 뒤집었다는 표현까지 친절하게 적어 이해도를 높였습니다.

오래된 도시가

새로운 시도가 되고

첨단의 기계가

삶을 바꿀 계기가 되고

오염된 대기가 아닌

맑은 하늘이 기대되고

잘못된 관습이

올바른 습관이 되려면

철저한 연습과 시뮬레이션이

꼭 필요하니까

디지털 트윈으로

LX한국국토정보공사가

대한민국의 미래를 선도합니다

LX한국국토정보공사가 운율로 대칭을 만들어 힘 한번 제대로 줬습니다. 의미 없는 단순 대칭 모음집이 아닌 '디지털 트윈'이라는 컨셉으로 묶여 끔찍한 완성도를 보여주고 있습니다. 다양한 단어들을 뒤집어 만든 구조와 의미를 하나의 컨셉에 녹인다는 게 결코 쉬운 일은 아니었을 것입니다.

2) 모음 운율 대칭

서로 뒤집힌 모음 운율을 앞뒤에 붙여 구조를 만듭니다.

---

181   따로 또 같이

프롤로그에서 소개한 문장입니다. 'ㅏ, ㅗ'와 'ㅗ, ㅏ'가 대칭되어 운율을 형성합니다. 너무 유명해서 수도 없이 인용되고 반복되는 카피이지만 왜 좋은지 알고 보니 더 좋게 느껴지는 것 같습니다.

카피 TIP   운율 대칭 만들어보기

만약이라는 말이

너무 많이 쌓여버렸단 말야

〈먼 훗날 우리〉라는 영화를 보고 적어본 감상입니다. '만약'과 '말야'의 대칭, '말이'와 '많이'의 대칭이 보이나요? 생각나는 운율 대칭이 있다면 직접 써보세요. 쓰기 힘들다면 "만약 ~말야" "말이 많이~" 문장 구조를 활용해 써보거나 예시를 그대로 적으며 운율을 느껴보세요.

---

3) 자음+모음 운율 대칭

자음과 모음의 운율 대칭이 섞여 있는 사례입니다. 완벽히 뒤집힌 단어의 짝
은 아니기 때문에 조금 더 난도가 높습니다.

182
두피가
우리의
필드다
닥터포헤어

'두피''필드'에서 'ㄷ, ㅍ''ㅍ, ㄷ' 자
음과 'ㅜ, ㅣ''ㅣ, ㅡ'모음이 대칭되
어 있습니다. 닥터포헤어라는 브랜드
이름의 모음도 'ㅏ ㅓ ㅗㅔ ㅓ'로 구조
감이 잘 잡혀 있네요.

183
깨끗함의 **끝**은,
끝이 없는 **케**어

자음 운율 '끝'과 모음 운율 '깨''케'
를 조합했습니다.
앞에서는 '깨'와 '끝'을 놓고, 뒤에서
는 뒤집어서 '끝'과 '케'를 놓아 대칭
구조를 만들었습니다.

---

4) 회문

기러기, 토마토, 스위스, 인도인, 별똥별, 우영우. 이처럼 똑바로 읽으나 거꾸
로 읽으나 똑같은 문자열이나 문장을 회문回文, palindrome이라 합니다. '소주 만

병만 주소'가 떠오르는 독자도 있을 겁니다. 영어는 우리말보다 회문을 만들기 쉬워서 기상천외한 문장들이 많습니다. mom, dad, refer 같은 단어들뿐만 아니라 'Nurse run' 'pull up if I pull up'같이 문장으로 된 회문도 꽤 많습니다.

---

184   아 많다 많다 많다 많아

다 이뿐 이뿐 이뿐이다

여보게 저기 저게 보여

여보 안경 안 보여

통 술집 술통 / 소주 만 병만 주소

다 이심전심이다 / 뽀뽀뽀

아 좋다 좋아 / 수박이 박수

다시 합창합시다

한국어 회문의 사례는 이 노래 하나면 졸업할 수 있습니다. 소개합니다, 슈퍼주니어의 〈로꾸거!!!〉.

카피 TIP   **운율 만들 때 이용하기 좋은 사이트**

한글, 영문 운율을 만들 수 있는 사이트입니다(라임노트는 운영자의 사정에 따라 사이트가 잠시 닫힐 때도 있습니다).

라임노트(http://rhymenote.com/list)
한국어 라임 검색기(https://korhyme.recu3125.com/)
Rhymezone(https://www.rhymezone.com/)

(#줄이기) (#묶기)

줄이고 묶어
핵심만 전달하라

지금부턴 줄이거나 묶는 파트입니다. '약어'는 준말 또는 줄임말이라고도 하며, 내용을 간결하게 정리하고 대화의 시간을 줄여줍니다. 약어를 공유하면 효율뿐 아니라 함께 정보를 공유하는 과정에서 유대감을 쌓는 효과도 있습니다.

약어는 줄인 내용을 연상하게 만들어 기억에 오래 남는 데도 도움을 줍니다. 공부할 때 키워드를 만들어 쉽고 재밌게 외워본 경험이 있죠? 조선 왕 계보를 외울 때 '태정태세문단세'로 줄여 외우는 것처럼요. 약어의 핵심은 '키워드'로서의 역할입니다. 어감에 따라 재미를 줄 수도 있고요.

메시지가 길어질 때는 중간중간 키워드를 활용해 내용을 묶어주면 구조적으로 통일감과 안정감을 부여합니다. '이해'와 '기억'의 장점도 고스란히 가져올 수 있습니다.

앞 글자만 따서 강렬한 메시지를 던져라

#준말   #두문자어   #초성체

글자를 따다 묶어서 연상을 유도하는 가장 기본적인 포맷부터 소개합니다.

1) 두문자어

두문자어는 각 단어의 머리글자를 따서 만드는 줄임말을 뜻합니다. "내가 하면 로맨스 남이 하면 불륜"이라는 말을 줄여 '내로남불'이라고 말하는 식입니다. '이니셜'이라고 부르는 것이 더 익숙하죠.

---

185   시원 달달한 배, 매콤한 홍고추, 새콤 동치미 → 배홍동

186   벌레에 물리면 → 버물리

배홍동은 제품에 들어간 재료 배, 홍고추, 동치미의 머리글자를 따서 지었습니다. 이름에서부터 재료가 주는 매콤새콤함이 잘 느껴집니다.

버물리는 두문자어를 활용할 때 발음하기 쉽게 조금 바꿔 적용했습니다. 벌레에 물려 가려울 땐 바로 버물리가 생각날 수 있도록 언제 이 약을 써야 하는지 이름에서부터 보여줬습니다.

187

여자: 우리 둘이 영원히 건강하게

남자: 내가 평생 건강하게 지켜줄게

여자: 지키는 걸로 부족해, 벌어야지

남자: 건강을 벌어?

CM송: 튼튼탄~ 튼튼탄~

튼튼한 건강

든든한 보장

탄탄한 노후

삼성생명 건강자산이

튼든탄하게 벌어드립니다

'튼튼한 건강, 든든한 보장, 탄탄한 노후'라는 세 가지 메시지를 전부 전달하려니 너무 길고 복잡할 것 같습니다. 그래서 표현의 앞 글자들을 따 '튼든탄'이라는 워딩을 만들고, 생경한 조어를 조금이나마 기억에 남기기 위해 노래를 만들어서 불렀습니다.

188

BRAVE 용감하게, 금융 플랫폼

KB PAY

INSIGHT 통찰력 있게, 미래를 위한 글로벌 진출

GREAT 위대하게, ESG 경영 실천

카드를 넘어 금융 플랫폼으로

BIG MOVEMENT, KB국민카드

이 광고에선 두 번이나 키워드를 묶었습니다. 먼저 전달해야 하는 메시지들을 'BRAVE, INSIGHT, GREAT'로 묶었고 키워드가 세 가지나 되니 메시지가 흩날릴까 봐, 각 단어의 머리글자를 따 'BIG'이라는 이니셜로 다시 묶었습니다. 카피라이터의 고충이 느껴집니다.

189	나에게 플러스되는 나눔 플랫폼,	방금 사례처럼 앞 글자를 따서 '나플

189 나에게 플러스되는 나눔 플랫폼,

사랑의 열매

나플나플, 사랑의 열매

방금 사례처럼 앞 글자를 따서 '나플나플'이라는 줄임말을 만들었습니다. 노래로 부족하다는 생각에 나플나플 추는 춤까지 만들어 기억에 남기려 노력했고요.

2) 초성체

'김치보쌈'을 'ㄱㅊㅂㅆ'으로, 'Laugh out loud'를 'LOL'로 쓰는 것처럼 초성체는 두문자어 중에서도 단어의 초성만 쓰는 것을 말합니다.

190 제대로 만든. ㅈㅁ JM

주목 안 할 수 있어? ㅈㅁ JM

정말 처음이야. ㅈㅁ JM

전문적이네. ㅈㅁ JM

피부가 증명할 테니까. ㅈㅁ JM

JM솔루션 릴리프 약산성 약쑥 앰플

작정하고 초성을 활용한 사례입니다. JM솔루션의 JM에서 한글 초성 'ㅈㅁ'을 땄고, 'ㅈㅁ'라는 초성에서 파생되는 '주목' '정말' '전문' '증명' 등으로 제품의 특징을 설명했습니다.

키워드로 묶어라

(#묶기) (#문제로 묶기) (#USP로 묶기)

전달해야 할 메시지가 많다면 중간중간 키워드로 묶습니다. 주로 '문제 상황'이나 브랜드의 'USP'로 묶어냅니다.

1) 문제 상황으로 묶기

191 단단한 잠, 푹신한 잠 '수면 취향'이 달라져도 혼자 잠, 같이 잠 '수면 환경'이 달라져도 나에게 맞춰 업데이트되는 ○○가구	문제들을 중간중간 묶고 솔루션으로 마무리하는 사례입니다. 단단한 잠을 원하다 푹신한 잠으로 바뀐 상황을 '수면 취향' 변화로 묶고, 혼자 자던 상황에서 같이 자는 상황을 '수면 환경' 변화로 묶었습니다. '취향과 환경의 변화에도 나에게 맞게 업데이트해 준다'는 메시지를 심플하게 전달하기 위해 문제 상황을 두 가지로 묶었습니다.

2) USP로 묶기

192   **저축에는 힘이 있다**

위기를 기회로 바꾸는 사장님의

회복력(사업장 시설 개선자금 지원)

실패를 두려워하지 않는 청년들의

추진력(중저신용자 중금리 대출)

든든한 노후를 준비하는 부모님의

생활력(높은 예적금 금리)

이 모든 게 당신에게 힘이 되는

든든한 저축력

당신의 행복이 매일 더 커지도록

저축은행이 곁에서

힘이 되겠습니다

저축은행중앙회에서는 대중의 접근성을 높이기 위해 저축은행의 다양한 USP를 전달하려고 합니다.

대출이나 금리 같은 개념을 풀어서 설명하면 지루해지기 쉬우니 회복력, 추진력, 생활력이라는 쉬운 키워드를 선정해 저축은행의 USP들을 묶어냈습니다.

"620만 번이나 다운을 받았다면
뭔가 이유가 있을 텐데"

굿리치는 보험에서 3게를 바꿨지

나부터 가족까지 보험사 구분 없이
조회는 더 넓게
나이 성별 보장 내역에 따라
분석은 더 깊게
영수증 사진만으로
청구는 더 쉽게

넓게. 깊게. 쉽게.

"모두가 깔아두는 이유가 있었네"
테크로 보험을 바꾼다

보험의 USP는 복잡하고 전달할 것도 많습니다. 광고를 봐도 타 브랜드와 어떤 차별점이 있는지 알아차리기 힘듭니다.

굿리치는 단순하게 '넓게, 깊게, 쉽게' 바꿨다고 말합니다. 조회, 분석, 청구에 대한 이야기를 각각의 키워드에 최대한 쉽게 녹여냈습니다.

어려운 내용을 쉽고 재밌게 풀어내는 것은 모든 금융 브랜드의 평생 과제일 것 같습니다.

단어와 문장을
늘이고 찢어라

지금까지는 '세상을 바꾸는 퀴즈'를 '세바퀴'라고 줄이는 것처럼 긴 문장을 키워드로 줄이는 사례였습니다. 핵심을 간결하게 정리하고 연상을 통해 기억에 남기려는 의도였습니다.

이번에는 '세바퀴'에 살을 붙여 '세 명이 바디로 퀴즈를 낸다'처럼 색다른 의미를 담아 늘이는 방법입니다. 이전 파트가 효율에 집중했다면 이번엔 재미에 방점이 있습니다.

대체로 기존 단어에 담기지 않을 법한 살을 붙여 생경함을 줍니다. 단어를 문장으로 늘이기도 하고요. 문장을 성분마다 찢어서 하나의 큰 구조를 만들기도 합니다. 이렇게 만들어진 카피 구조가 광고에서 흐름을 잡아주는 디자인 폴리시design policy로 활용되기도 합니다.

단어에 살을 붙여 문장으로 늘이기

#늘이기   #단어를 문장으로   #역두문자어

단어의 낱말마다 살을 붙여 문장을 만들 수 있습니다. 구조를 만드는 방법까진 아니지만 이것을 바탕으로 구조를 위한 초석이 만들어집니다.

1) 단어를 문장으로 만들기

단어의 낱말마다 살을 붙여 문장을 만드는 것부터 시작해 보겠습니다. 단어를 이루는 음절에서 전부 혹은 몇 가지만 골라 살을 붙여 문장으로 만듭니다.

---

194 **미원 → 미각 구원**

195 **TERRA → THE ERA OF TERRA**

(테라 → 테라의 시대)

가장 기본적인 사례입니다. 브랜드 이름의 일부를 가지고 문장을 만들었습니다.

2) 역두문자어

두문자어가 각 단어의 머리글자를 따 이니셜을 만드는 것이었다면 역두문자어는 반대로 이니셜을 구성하는 글자들에 살을 붙여 원래 의미와 다른 뜻으로 말을 만드는 것입니다. 이니셜의 글자들이 하나씩 맨 앞에서 기준을 잡아준다면 우리가 익히 아는 n행시가 됩니다.

196

HD현대는 요즘 대세

대한민국을 넘어 세계까지 넘나드
니까

HD현대의 관심사는 재미

현재를 미래로 이어주니까

이런 카피를 쓸 땐 단어가 먼저일까
요, 문장이 먼저일까요? 아마 브랜드
의 USP를 기반으로 해야 하는 말들
을 모아 문장으로 먼저 정리했을 것
같습니다. 그러곤 문장에서 글자를
따서 조합했을 때 의미가 생기는 단
어를 찾는 것이죠. 만약 아니라면 제
가 무조건 죄송합니다.

197

누군가는 유난이라 할지라도

화재에서만큼은 불안해도 괜찮습
니다

불안할수록 불 앞에서 안전하니까

불안함을 피하지 마세요

'불안'이라는 단어를 찢어 '불 앞에서
안전하니까'라는 문장으로 만들었습
니다. '불안'과 '불 앞'의 운율까지 느
껴지네요.

198

비싸다고 불평 말고

비교하면 싸다!

모르면 나만 손해니까

손 하나만 까딱해!

저렴하고 손해 없는 자동차 보험

'비싸'라는 표현을 찢어서 '비교하면
싸'라는 표현을 만들고 '손해'라는 표
현을 찢어서 '손 하나만 까딱해'라는
표현을 만들었습니다. 보험의 문제와
해결 상황이 절묘하게 담겼습니다.

문장을 찢으면 새로운 구조가 보인다

#찢기 #단어를 구조로 #n행시 #문장을 구조로 #폴리시

본격적으로 카피 전체에 구조적으로 다름을 주는 사례들입니다. 단어나 문장을 찢어 살을 붙여 구조를 완성합니다. 찢어진 문장들이 각각 독립적인 문장이 될 수도 있지만 서로 연결성을 갖기도 합니다. 관계성을 어떻게 만드냐에 따라 저마다 다른 구조가 됩니다.

1) 단어를 구조로 만들기

단어를 임의로 찢고 저마다 살을 붙여 구조를 만듭니다. 찢어진 부분끼리 어떤 관계성을 부여하면 자연스러운 구조를 만들 수 있습니다.

199　굿리치를 경험한
60만의 목소리가 있습니다
"17년 동안 축적된 데이터와 기술력이 굿-"
"나에게 딱 맞는 분석으로 리치!"
"친절하고 현명한 리치플래너들이 굿-"
"어려운 보험이 쉬워져서 리치!"

보험 플랫폼 굿리치의 모바일 통화연결음 비즈링은 어떻게 만들어야 할까요? 부담감과 불안감을 안고 전화를 거는 소비자를 위해 다른 소비자들의 만족해하는 목소리를 들려주면 좋을 것 같습니다.
'굿리치'라는 브랜드명을 쪼개 '굿'과 '리치'에 해당하는 의미들로 각각 살

굿- 좋은 보험이
리치! 풍요로운 금융을 만듭니다

을 붙였습니다. 굿리치의 굿 USP 덕분에 소비자들이 리치가 됐다는 메시지 구조가 완성됐습니다.

2) n행시

역두문자어의 일종입니다. 낱말의 첫 글자를 따서 새로운 문장들의 첫 글자들로 배치해 구조를 만듭니다. 예능인 박명수 님이 이 분야의 달인입니다. '아나바다'를 '아버지 나를 낳으시고 바지적삼 다 적시셨네'로, '펭귄'을 '펭(팽)현숙 권(퀸)카'로 만든 센스는 전설적입니다. 이 일로 팽현숙 님은 박명수 님을 집에 초대해 100첩 반상을 차려줬습니다. 2행시의 덕을 제대로 봤다네요.

200   받아라 대출의 치트키-위
　　　K 키위뱅크에
　　　I 입력해라
　　　W 원하는 상품을
　　　I 일사천리 찾아준다

　　　보내라 송금의 치트키-위

'KIWI'라는 단어로 만든 4행시 시리즈입니다. 쉬운 대출과 송금이라는 키위뱅크의 장점 두 가지로 두 버전의 n행시를 만들어 재밌게 전달했습니다. 구조가 만들어져 메시지가 한눈에 정리됩니다.

K 키위뱅크 열고

I 입만 뻥긋하면

W 완전 쉽게

I 입금할 수 있다

---

201 수분 VS 미백

두 개의 앰플이

일촉즉발

만나는 순간

일 한 **방울로**

촉 촉**촉하게**

즉 즉**시**

밝 밝**혀준다**

키위뱅크와 같은 사례입니다. 어떻게 일촉즉발이라는 사자성어를 4행시로 활용했을까요? 원작자의 연상 과정을 한번 상상해 보겠습니다.

먼저 브랜드 USP를 전달하기 위해 고민합니다. USP 중 하나는 '촉촉'입니다. 사전에서 '촉촉'이나 '촉'이라는 글자를 포함한 표현을 찾아봅니다. '일촉즉발'을 발견합니다. 카피라이터의 눈부신 역량으로 '일촉'에서 '한 방울의 촉촉함'을 찾아내고 '즉발'에서 '즉시 밝힘'을 연상해 냅니다. 역시 좋은 창작의 조건은 발견과 연상입니다.

3) 문장을 구조로 쪼개기

문장이 쪼개져 각자 구조가 된 사례들입니다.

202

뉴질랜드의 땅에서 자라온

원료의 힘으로부터

143개 이상의

저분자 녹용 성분이

내 몸에 그대로 오기까지

단 8주 만에

느껴보세요

NK 세포 활성도를

끌어올리는 힘

활성 면역을 위해,

매일 한 샷

○○녹용

"단 8주 만에 느껴보세요"라는 한 문장이 절반씩 나뉘어져 앞뒤 카피를 맡아줍니다.

① 저분자 녹용 성분이 내 몸에 그대로 오기까지 단 8주 만에 ② 느껴보세요 NK 세포 활성도를 끌어올리는 힘 이런 세밀한 카피의 노림새를 보면 정말 기분이 좋아집니다.

저절로 **생각이 커지도록**

알아서 **잘 자라도록**

스스로 하고 싶게

아이의 가능성이 확 열리니까

저절로. 알아서. 하고 싶게.

"우리 아이들 교육 어떻게 해야 하지?"라는 물음에 "저절로 알아서 하고 싶게"라는 문장은 완벽에 가까운 해답입니다. 그 문장을 의미의 덩어리마다 자르고 각각 살을 붙여 구조를 만들었습니다.

'저절로' '알아서' 다음에 '스스로'가 아니라 '하고 싶게'로 변주해서 마무리한 것도 좋습니다.

4) 폴리시

브랜드 고유의 정체성을 확립하고 일관된 이미지를 주고 싶을 때 '디자인 폴리시'를 활용할 수 있습니다. 카피라이팅에서는 특정 카피를 고정해두고 반복하면 구조 자체를 비주얼로 보여주어 광고의 흐름을 잡아주는 폴리시로 활용할 수 있습니다.

방법은 간단합니다. 핵심 메시지를 고정하고 특정 자리의 문장 성분을 바꿔가며 넣습니다. 메시지 사이에 빈칸을 만들어 넣고, 빈칸에 상황이나 그림 등을 조금씩 바꿔서 넣을 수도 있습니다. '우리가 사랑하는 맛집'이라는 문장이라면 '부장님이/엄마가 사랑하는 맛집' '우리가 사랑하는 소개팅/해장용 전골 맛집'으로 바꿔 넣을 수 있습니다.

204   우리가 지금 바라는 건

다시 함께

다시 **보고 싶던 이들과** 함께

다시 **하고 싶던 일과** 함께

다시 **나누는 행복으로** 함께

다시 **바라왔던** 함께의 시작

우리 땅에서 키운

우리 돼지 한돈으로

다시 함께 한돈

문장마다 '다시 함께'라는 표현이 생략되지 않고 드러나면서 디자인 폴리시의 역할에 충실합니다. '다시'와 '함께' 사이에 브랜드가 하고 싶은 메시지를 넣어 광고 전체의 구조를 만들었습니다.

---

205   당신2 9하던

(감각적인)

(여행 같은)

(나를 사랑하는)

_____ 삶

29CM 브랜드명을 활용해 '당신2 9하던 _____ 삶'이라는 폴리시를 만들고 빈 공간을 브랜드가 줄 수 있는 USP로 채웠습니다.

키도 체형도 다 다른데
왜 다들 같은 스타일만 고집하죠?

그래서 나는

(인생을 낭비하는)

(내 몸에 맞지 않는)

다이어트를 그만두기로 했다

사람의 각자 특성에 맞는 다이어트를 지향하는 GRN은 "그래서 나는 다이어트를 그만두기로 했다"라는 폴리시를 만들었습니다.

29CM와 다른 점은 빈 공간에 USP가 아닌 소비자의 페인 포인트pain point(고객이 불만스러워하거나 불편하게 여기는 부분)를 넣어 구조를 만들었다는 점입니다.

207   WE _____ ING

**누구 케어콜로 모니터링 업무량
85% 감소**

WE _____ ING

**2020년부터 기지국 안테나 플라스
틱 재활용**

SK텔레콤의 사례처럼 폴리시의 빈 공간을 이미지로 채울 수도 있습니다.

---

208   금광에서 태어난 금쪽같은 데님
월화수목금토일 남녀노소
누구에게나 빠짐없이 사랑받고 있지만
물빠짐 주의 I 핏 변형 주의 I
찬물 세탁 요망 I 직사광선 주의
관리 앞에선 한없이 작아지니까

LG스타일러는 관리가 까다로운 고급 소재들의 문제점을 언급합니다. 마지막엔 그 소재들을 관리할 수 있는 기술을 제시하는데요. 가운데서 중심을 잡아주는 건 "이제 _____ 도 스타일러에 걸겠어요"라는 폴리시입니다.

이제, DENIM도 스타일러에 걸겠어요

분당 최대 350번 털어 먼지를 제거
NEW 다이내믹 무빙행어

소재에 맞춰 스팀량을 섬세하게 조절
NEW 듀얼히팅 트루스팀

매일 매일 스타일을 살려주는
Everyday Everywear,
ALL NEW 스타일러

데님, 캐시미어, 레더, 실크 등 고급 소재를 바꿔 넣으면서 시리즈를 완성했습니다.

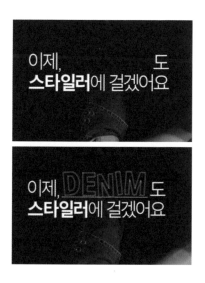

나만의 강점을 지루하지 않게 어필하기

소개팅을 생각해 봅시다. 상대에게 나의 매력을 어떻게 어필해야 할까요? 짧은 시간을 활용하겠다고 자랑만 늘어놓는다면 그 자리는 망하는 겁니다. 고수들의 방법은 다릅니다. 자신의 장점이 은근히 드러날 수 있도록 차근차근 빌드업을 합니다. 첫인상과 헤어지기 전 마무리에 더더욱 신경쓰기도 하고요.

광고에서 USP를 전달할 때도 마찬가지입니다. 시간은 짧고 하고 싶은 말은 많으니 줄줄이 자랑을 늘어놓다 끝나기 십상입니다. 그래서 조금 변주를 줘서 짧은 시간에도 소비자의 마음을 얻어낼 수 있는 매력적인 방법을 소개합니다.

메시지를 한 점으로 몰아가라

#몰아가기

은근히 장점이 드러나도록 빌드업하는 방법입니다. 메시지를 몰아가기 위해 운율의 구조를 활용할 수도 있고, 우리에게 익숙한 숫자나 문자의 체계를 활용하는 것도 좋은 방법입니다.

209

뭐든지 잘될 거래
이룰 수 있을 거래
제일로 **좋은 거래**
SC제일은행

임의로 적어본 카피입니다. '거래'라는 단어는 은행의 USP를 설명하기 좋습니다. 하지만 어떻게 'SC제일은행'만의 것으로 만들 수 있을까요?

'뭐든지 잘될'과 '이룰 수 있을'이라는 문장 뒤에 '제일로'라는 표현을 준비해 둡니다. 마지막에 떨어지는 'SC제일은행'이 앞 내용과 자연스럽게 이어지도록 말이죠.

운율 파트에서도 설명했듯 운율을 활용하면 구조적으로 메시지를 한 점으로 몰아가기 좋습니다.

완벽한 노트북을 찾는 당신을 위해

10 더 강력한 성능과(10세대 인텔 코어 프로세서)

9 더 높은 몰입감을(9.8mm× 6.4mm 초슬림 베젤)

8 더 커진 용량의 배터리로 누리고 (80wh 고용량 배터리)

(중략)

3 크기는 더 작아지고(히든 힌지로 3mm 줄어든 바디)

2 능력은 확장 가능하게(2 슬롯 듀얼 업그레이드)

1 이 모든 것을 갖추고도

가장 가벼울 수 있는 노트북은(세계 초경량 No.1 노트북)

그램이거나, 세상에 없거나(gram or Not)

gram or notebook

gram or not

저에게 가장 많은 가르침을 준 광고이자 제가 가장 좋아하는 카피 중 하나입니다. 감히 사고의 과정을 되짚어 보겠습니다.

notebook의 not에서 〈햄릿〉의 명대사 "To be or not to be"를 연상해 "gram or not"까지 온 것도 엄청난데, 그것을 한글 카피로 '그램이거나, 세상에 없거나'로 바꾼 뒤 '없거나'에서 '0'의 속성을 뽑아내 그 위의 카피를 숫자 내림차순 구조로 만들었습니다. 내림차순의 마지막인 숫자 0의 자리가 '부재'라는 개념으로 대체된 것도 참 좋습니다.

이렇게 숫자나 문자 체계를 활용하면 구조상 더 쉽게 메시지를 몰 수 있습니다.

둘도 없는 엄마

하나뿐인 동생

그리운 아빠에게

그램 카피에서 영감을 받아 임의로 시를 지어봤습니다. 자주 출장을 다녀 얼굴 보기 힘든 '아빠의 부재'라는 개념을 'O'이 올 자리에 배치하고 '그리운'이라고 표현했습니다. 이렇게 숫자 체계를 활용하되 조금씩 변주를 주면 더 세련된 구조를 만들 수 있습니다.

한글, 알파벳, 숫자처럼 카피에 활용하기 좋은 체계의 예시들을 조금 더 모아봤습니다. 해당 체계마다 USP를 나누어 넣으면서 구조를 만들어 보세요.

숫자형 서수: 첫째, 둘째, 셋째, 넷째…

달력 월: 1월, 2월, 3월, 4월, 5월, 6월, 7월, 8월, 9월, 10월, 11월, 12월

로마 숫자: I, II, III, IV, V…

천간: 갑, 을, 병, 정, 무, 기, 경, 신, 임, 계

십이지신: 쥐, 소, 호랑이, 토끼, 용, 뱀, 말, 양, 원숭이, 닭, 개, 돼지

성적 등급: A, B, C, D, F

계절: 봄, 여름, 가을, 겨울

색상: 빨강, 주황, 노랑, 초록, 파랑, 남색, 보라

악보 음계: 도, 레, 미, 파, 솔, 라, 시

시간 구분: 오전, 정오, 오후, 저녁, 밤

태양계 행성(거리 순) : 수성, 금성, 지구, 화성, 목성, 토성, 천왕성, 해왕성

컴퓨터 데이터 단위: 비트, 바이트, 킬로바이트, 메가바이트, 기가바이트, 테라바이트, 페타바이트

메시지를 한 점으로 몰아가는 사례는 아니지만 이러한 체계를 많이 활용하는 분야가 또 있습니다. 바로 노래 가사입니다. 가사는 카피보다 목적성이 옅어서 똑같은 체계를 활용해도 재미와 리듬감이 더욱 크게 느껴집니다.

가장 내게 힘이 돼주었던

나를 언제나 믿어주던 그대

다들 그만해라고 말할 때

마지막 네가 바라볼 사랑 이젠 내가 돼줄게 oh

에이핑크, 〈NoNoNo〉

한 발을 다가서면 두 발 물러서고 셋을 주고 나면 넷을 기대하고

너를 원망하고 네게 투정하고몹쓸 이율 대고 이내 포기하고

가슴이 두근대면 나의 손을 잡고

다리가 떨려오면 라디오를 켜고

샤이니, 〈셀 수 없는〉

처음처럼 마무리하라

(#수미상관)

수미상관은 처음에 했던 이야기를 마지막에 한 번 더 하는 것입니다. 세 가지 장점이 있는데요. 첫째는 원하는 메시지를 한 번 더 강조할 수 있다는 점입니다.

둘째는 대비입니다. 청자는 처음에 메시지를 본 후 중간에 다른 메시지들을 지나며 영향을 받습니다. 그리고 마지막에 한 번 더 같은 메시지를 보게 됩니다. 이때는 같은 문장임에도 처음에 본 것과 다른 느낌을 받게 되어 마지막에 대비를 일으킵니다. 마지막에 나오는 메시지를 조금 변형하면 처음에 떡밥을 던지고 나중에 회수할 수도 있습니다.

마지막으로 여운을 남깁니다. 끝나고 나서도 청자에게 아쉬움과 아련한 감정을 남깁니다. 수미상관에서 여운이 느껴지는 이유는 마지막 메시지가 처음과 같아 자기도 모르게 스토리가 한 번 더 진행되길 기대하는 상태로 끝맺기 때문입니다. 미세한 감정을 잡고 흔들어야 하기 때문에 '호흡'과 더불어 굉장히 다루기 어려운 기술입니다.

---

211 이건 시계니까 시간도 표시합니다
그리고 전화도 받죠

시계니까 시간도 표시하고

이런 게임 해보셨을 겁니다. "시장에 가면~ ○○도 있고~ △△도 있고~" 미국에도 비슷한 게임이 있습니다. 애플은 이 게임의 포맷을 광고에 녹

불도 켜고

또 문도 열죠

시계니까 시간도 표시하고

지구에서 수만 킬로미터 떨어진 위
성과 통신하고

잠도 깨워주고

물 속에서도 이동 거리를 측정하고

겨루기를 시작하고

도전도 받아주고

운동까지 측정하고

어느 방향으로 가야 할지 표시하고

심호흡을 해야 할 때도 알려주고

(중략)

다시 말씀드리자면

시계니까 시간도 표시합니다

그 외에도 재주가 많죠?

Apple Watch Series 5

였습니다.

애플워치는 전화도 받고 불도 켜고 문도 열고 위성과 통신할 수도 있습니다. 다양한 USP를 줄줄이 늘어놓기 쉬운 조건입니다. 하지만 애플 광고에선 본연의 기능이 시간을 보는 것이라는 데 집중했습니다. 그래서 처음부터 '시계' 기능을 중심에 두고 USP를 차근차근 쌓았습니다.

청자는 애플워치의 다양한 USP를 누비다 마지막에 새삼 애플워치는 시계였다는 사실을 깨닫게 됩니다. 수많은 USP를 담은 최신식 디바이스가 고작 시계였다는 사실이 낙차를 만들면서 애플워치에 대한 놀라움이 증폭됩니다.

마지막에는 "그 외에도 재주가 많죠?"라고 말하며 수미상관이 주는 여운을 극대화하며 마무리합니다. 뛰어난 센스가 돋보이는 카피 구조입니다.

파리는.

어째서.

(파리는 어째서) **첫인사만으로도**

사람을 들었다 놓는지

(파리는 어째서) **주차장 뷰는 에펠탑**

(파리는 어째서) **'더 이상 못 걸어'**

하다가도 홀린 듯 걷게 하는 장면의

연속

(파리는 어째서) **우리들의 밤은**

당신들의 낮보다 아름답다라는

말을 믿게 하고

(파리는 어째서) **밤의 센강은 유화**

(파리는 어째서) **눈앞의 풍경을 믿을**

수 없고

(파리는 어째서) **그 속에 내가 있다는**

게 믿기지 않는

파리는 어째서 이름도 파리인 건지

'파리는 어째서'라는 메시지가 맨 앞에서 중심을 잡아주고 이후 도시의 매력에 대해 계속 이야기합니다.

마지막에 '파리는 어째서 이름도 파리인 건지'라고 매듭지으며 '파리는 어떻게 이렇게 매력적인가'라는 메시지를 한 번 더 강조했습니다. 문장 자체에 묻어 있는 감성이 수미상관의 장점을 증폭시켜 줍니다.

이미 해결책이 있다는 여유를 풍겨라

광고에는 문제 상황이 나오고 해결책을 제시하는 문제-해결P-S 구조가 참 많습니다. 광고가 문제를 해결하기 위한 수단이라는 이유도 있습니다만, 시간은 한정되어 있는데 할 말은 많으니 광고가 짧아질수록 이런 구조를 활용하는 경향이 강해집니다.

P-S 구조 안에서도 조금이나마 다르게 보이는 방법들이 있습니다. 문제를 다르게 보여주는 P 변형, 해결책을 다르게 보여주는 S 변형입니다.

문제를 보여주고 해결책을 제시하기

#P-S 구조

변형된 사례들을 소개하기 전에 기본적인 P-S 구조를 먼저 살펴보겠습니다.

213

공부 좀 하자! 공부 좀 하자~

싫어! 싫어! 후퇴하라!

잠깐잠깐!

억지로 시키지 말고

아이캔두 누리키즈!

문제 상황을 던지고 뒤에 해결책을 제시하는 전형적인 P-S 구조입니다. 광고에서 많이 접할 수 있는 가장 기본적이고 익숙한 구조입니다.

214

침대 과학은 스프링이 줄어드는 걸 지켜낼 수 있을까?

동일한 무게의 추를 올려 2주간 스프링별 줄음률 측정

스프링부터 해리컬코일까지 통째로 열처리하여

탄력을 강화한 에이스침대 이중 열처리 공법

침대는 꺼짐 없이 오래 써야 과학이다

이 카피 역시 질문 형식으로 문제와 해결책을 보여주는 P-S 구조입니다. 질문을 던지고 그에 대답하는 과정에서 문제와 해결책을 녹여냅니다.

문제 상황을 오히려 반겨라

#P-S 변형   #P 변형   #S 변형

지금까지는 흔히 볼 수 있는 P-S 구조였다면 이제부터 본론입니다. 어떤 문제에 대한 해결책을 제시할 때는 두 가지 뉘앙스로 말할 수 있습니다. "문제가 있네? 우리가 해결해 줄게!" 혹은 "문제가 있네? 좋은데? 왜냐면 우린 이미 해결책이 있거든!"이라고 말할 수도 있습니다.

보통 문제가 생겼다고 하면 '우리가 그 문제를 해결해 준다'며 달려듭니다. 직진으로 달려오니 조금 부담스럽기도 하고 괜히 못 미덥기도 합니다. 반면 '우리는 이미 이런 해결책이 있어'라고 여유로운 뉘앙스를 풍기면 말하는 사람도 전문가처럼 보이고 듣는 사람도 한결 덜 부담스럽습니다.

1) P 변형

처음부터 무작정 문제 상황을 이야기하면 사람들은 뒤에 해결책이 나올 것을 예상하기 때문에 흥미를 잃습니다. 문제를 한번 긍정해서 의외성을 주면 같은 P-S 구조도 다르게 느끼게 됩니다. 여유로운 뉘앙스를 위해서는 문제나 통념을 한번 긍정해 주는 방법을 씁니다.

---

215 나? 편식하는 편

그래서 건강도 맛있게 챙겨

바로 해결책으로 들어가기 전에 문제를 한번 긍정해 보는 겁니다. '문제는

나? 욕심 많은 편

내 건강, 가족 건강 다 포기 못 해

문제라고 생각해서 문제'라는 말 들어보셨죠? 바로 '낙인 이론'입니다. 이 카피에서는 문제에 찍힌 낙인을 긍정했습니다. 웰릿 이뮨베라는 편식이나 과욕 같은 문제를 개인의 개성으로 인정하고 오히려 장점으로 승화했다고 말합니다. 그래서 오히려 맛있게 만들고 가득 담았다고요.

문제를 긍정해서 의외성을 주고, 그 근거를 보여주면서 브랜드가 하고 싶은 말을 자연스럽게 연결합니다.

216 **투명한 플라스틱**

색깔 있는 플라스틱

더럽혀진 플라스틱

미세 플라스틱

○○화학은

모두 환영입니다

우리의 눈엔 플라스틱이 아니라

석유요, 철광석이니까

플라스틱은 환영받지 못합니다. 하지만 ○○화학은 환영한다고 말하니 어떤 이유일지 궁금해집니다.

더러운 플라스틱까지 반가운 이유는 ○○화학이 플라스틱을 100% 재활용하고 있기 때문이라고 말합니다. 우리는 이미 해결책이 있어서 오히려 문제 상황을 긍정적으로 볼 수 있다

재활용이 어렵던 플라스틱까지
친환경 자원으로 100% 재활용

는 겁니다. 문제를 바로 해결하겠다고 부담스럽게 말하지 않습니다.

이렇게 문제를 한번 긍정해 주면 문제 상황의 부정적인 에너지를 희석하고 문제의 존재감을 띄워줍니다. 이후에 우리에게 이미 해결책이 있음을 알리면 드러난 문제와 해결책의 낙차도 느껴지고, 여유로운 자세로 해결책을 말할 수 있습니다.

217

플라스틱은 끔찍해
플라스틱은 사라져야만 해
플라스틱은 인류 최대 실수야
이런 시선
절대 환영
그럴수록 우리가 하는 일이
더 기특할 테니까
○○화학은
재활용이 어렵던 플라스틱까지
친환경 자원으로 100% 플체인지

이번에는 앞에 나온 문제를 긍정하는 방법에 대한 심화 버전입니다.

처음 보여드린 예시와 다른 점은 나쁜 플라스틱을 긍정하는 것이 아닌 플라스틱을 나쁘게 보는 시선을 긍정했다는 점입니다.

2) S 변형

P 변형 사례는 '문제'라는 속성의 위기감을 활용했습니다. '문제여서 문제' 인 것 같지만 딱히 그렇지는 않다고 중화했죠. 이번엔 '문제가 별로 문제까진 아닌 것 같아'라는 소비자들의 생각을 이용해 볼 겁니다. 생각 자체가 문제라 고 말할 건 아닙니다. 그 생각도 나쁘진 않은데, 우리 해결책이 훨씬 돋보일거 라고 여유로운 뉘앙스를 비쳐 보겠습니다.

218

리사이클링?

잘 씻고. 잘 버리고. 다시 쓰면
끝 아닌가?

이런 생각

완전 환영

그럴수록 우리가 하는 일이

더 놀라울 테니까

버려진 폐플라스틱을

깨끗한 원유로 되돌리고

친환경 제품을 만드는 것까지가

○○화학이 만들어가는 리사이클링

물론, 돈도 되죠

P변형 사례와 더 쉽게 비교하기 위해 같은 기업의 광고로 S 변형 사례도 보 겠습니다.

○○화학의 리사이클이 대단하다고 말하기 위해 기존 리사이클에 대한 사람들의 안주하는 생각을 보여주고 한번 긍정했습니다. 그러한 생각 덕 분에 우리의 해결책이 돋보인다고 말 입니다.

글발은
호흡에서 나온다

호흡은 소위 글발의 큰 부분을 차지합니다. '데꼬보꼬 준다(밋밋하지 않게 다채롭게 만든다는 은어)'고도 하고 호흡을 조절한다고도 하는데, 카피라이팅에서도 가장 어려운 부분 중 하나입니다.

호흡을 끊을 듯 끊지 않으면 의외성과 리듬감이 생겨납니다. 예상치 못한 호흡을 마무리에 덧붙이면 청자는 혹시나 하는 생각에 기대감과 긴장감을 느끼기도 합니다. 처음에 덧붙이고 시작하면 주목도를 높일 수도 있습니다. 미묘하게 밀어내다가도 확 잡아끄는, 그런 사례들을 소개합니다.

툭 쪼개서 주목하게 하라

(#쪼개기)

   밋밋한 문장을 바꿀 땐 단어를 바꿀 수도 있지만 읽는 지점을 일부러 단절시켜 호흡을 바꿔볼 수도 있습니다. 문장을 크게 크게 깍둑 썰어 보겠습니다.

---

219   **당신의 밤을 부드럽게 쓰다듬는**

음악, 이야기

문장부호를 활용해 호흡을 주는 것은 자주 활용되어 익숙합니다. 문장을 '음악 이야기'로 끝낸다면 마지막에 걸리는 것 없이 주르륵 흐르는 느낌입니다.

'음악, 이야기'라고 호흡을 끊어서 주목도를 높이면 '음악'과 '이야기' 둘 다 '쓰다듬는'이라는 수식어의 영향을 받을 수 있습니다.

220 이해해 주는 사람 하나 없는

군중 속의 고독

은 사실 즐거워

소니 헤드셋의 독보적 노이즈 캔슬링

'군중 속의 고독'은 보통 외롭고 쓸쓸합니다. 하지만 소니의 노이즈 캔슬링과 함께라면 다르다는 것을 말하고 싶었습니다. 나만의 세상에서 오롯이 음악을 즐길 수 있기 때문에 정말 즐겁죠!

문장을 쪼개니 반전을 만드는 호흡이 생겼습니다.

221 만족을 모르는 당신에게

○○ 안마 의자를

"예쁘다"

는 말로는 충분하지 않은

어디서든 돋보이는 디자인을

"편하다"

는 말로는 만족할 수 없는

본 적 없던 강력한 퍼포먼스를

"예쁘다는 말로는 충분하지 않은"이라는 문장을 '예쁘다'와 '는 말로는 충분하지 않은'으로 쪼개어 두 문장의 화자와 톤을 다르게 만들었습니다.

쪼개고 나니 "어디서든 돋보이는 디자인을"이라는 다음 문장까지 이어져도 지루하지 않을 호흡감이 만들어졌습니다.

마이크를 하나 더 준비하라

(#화자 나누기)

이번에는 쪼개기의 변형입니다. 메시지가 길어지면 일부를 다른 화자의 목소리로 바꿔서 메시지 사이에 호흡을 줄 수 있습니다.

222

#꼬리만 덜 익은 채 구워지고 있는 생선
열이 퍼질 듯 말 듯
여자: 꼬리는 회로 먹겠네
남자: 라는 불안한 요리는 그만
넓고 고른 열로 끝까지 맛있게
쿠쿠의 열기, 끝까지 간다

'꼬리는 회로 먹어야 하는 불안한 요리는 그만'이라는 메시지를 한번 끊기 위해 내레이션 목소리를 둘로 나눴습니다. '꼬리는 회로 먹는다'라는 메시지의 힘이 세기 때문에 한번 끊어서 그 존재감을 살려주면 전체 흐름의 키를 쥐여줄 수 있습니다.

223

여자 1: 친구가
여자 2: 요즘 이거 엄청 핫하대. 먹어봄?
여자 1: 했던 그거. 이미, SSG.COM에 최신을 다한 미식 컬렉션

'친구가 핫하다고 말하는 제품들 전부 SSG에 있습니다'라는 메시지를 끊어서 전달하기 위해 중간에 친구의 목소리를 직접 넣었습니다.

끊길 듯 끊기지 않는 호흡

(#말꼬리 잡기)

지금까지는 문장에 호흡을 주기 위해 문장을 툭툭 썰어내는 방법이었습니다. 이번엔 의도적으로 호흡을 끌어서 "한국말은 끝까지 들어야지!"라는 뉘앙스를 풍겨보겠습니다. 호흡을 끊어주는 구조와 끌어주는 구조는 엇비슷하지만 끊어줄 땐 하나의 큰 메시지를 쪼개고, 끌어줄 땐 서로 다른 이야기를 잇는다는 차이가 있습니다.

224

"아 폰 바꾸기 너무 어려워"

"아 귀찮아"

할 시간에

쉽게 고르고

3분 만에 가입 완료

통신이 쉽다

Why not?

'할 시간에'로 화자와 톤을 바꿔 말꼬리를 잡아 호흡을 늘렸습니다. 마지막엔 '통신이 쉽다'에서 마무리 짓지 않고 'why not?'으로 한 번 더 끌었습니다.

남자 1: ZIC

대한민국 엔진오일 브랜드 1위

차를 아끼는 사람들의 연비를 높여

주지

잘한다, ZIC

남자 2: 를 만드는 회사 SK엔무브

전기차에 에너지 효율을 높여 주행

거리를 늘려준다니

놀랍다, SK엔무브

남자 1: 에서 준비 중인 데이터센터

용 ZIC

서버웨어를 잡아 냉각용 에너지를

세이브한다니

멋지다, ZIC

남자 2: 를 만드는 회사

이젠 다 알겠지?

에너지 세이빙 컴퍼니

'지크'를 만드는 회사 'SK엔무브'를 알리고 싶다면 어떻게 해야 할까요? 여기선 지크와 SK엔무브를 번갈아 이야기했습니다. 잘못하면 지루해질 수 있는 구조였지만 대놓고 말꼬리를 잡아끌면서 끊길 듯 끊기지 않는 생경한 호흡을 만들었습니다. 어떻게 한 걸까요?

"ZIC를 만드는 회사 SK엔무브에서 준비 중인 데이터센터용 ZIC를 만드는 회사"라는 한 줄을 여러 줄로 쪼개고 카피를 풍성하게 넣어 호흡을 만들었습니다. 각 단락이 따로 놀지 않도록 호흡이 끊기지 않게 대놓고 말꼬리를 잡으면서요. 감탄만 나옵니다.

한 호흡만 더해주기

(#덧붙이기)

끊어질 듯한 마무리에 문장을 한 번 더 덧붙여 봅니다. 이때 나오는 문장은 독립적이지 않고 앞 내용 전체를 받아주는 컨셉 역할을 하면 좋습니다. 반대로 말하면, 앞에서 일부러 작은 마무리를 지어놓고 컨셉 역할을 하는 문장에게 큰 마무리를 맡기는 호흡을 만드는 겁니다.

---

226 **섞일 수 없는 만남**

맥주의 위대함은 거기서부터

부드럽게 밀려오고

강렬하게 몰아치는

○○맥주로부터

맥주는 한 번 더 위대해진다

(맥아의 부드러운 첫맛)

(탄산으로 강렬한 끝맛)

'거기서부터'가 먼저 나오고 뒤에 '○○맥주로부터'로 운율을 맞추면 카피가 끝난 것 같은 느낌을 줍니다. 하지만 뒤에서 "맥주는 한 번 더 위대해진다"라고 호흡을 더해줍니다. '맥주의 위대함'이라는 떡밥도 회수했고, 뒤이어 첫맛과 끝맛을 설명하며 '섞일 수 없는 만남'에 대한 근거도 풀어줬습니다.

227 쌀로 만든 삼양 쌀라면, 든든한 한 끼 밥이 됩니다.

(변형1)

밥입니다. 쌀로 만든 삼양 쌀라면, 든든한 한 끼 밥이 됩니다.

(변형2)

쌀로 만든 삼양 쌀라면, 밥입니다. 든든한 한 끼 밥이 됩니다.

『카피책』에 나온 카피 문장으로 호흡을 더해주는 방식을 살펴보겠습니다. "쌀로 만든 삼양 쌀라면, 든든한 한 끼 밥이 됩니다"라는 문장 앞에 '밥입니다'를 넣어보겠습니다.(변형1) 맨 앞에 덧붙이니 주목도를 높이면서도 맨 뒤에 나오는 메시지와 수미상관이 되어 전체적인 구조를 안정적으로 잡아줍니다.

이번엔 '밥입니다'라는 문장의 위치를 조금 바꿔볼까요?(변형2) 문장을 중간에 넣으니 오히려 '든든한 한 끼 밥이 됩니다'가 '밥입니다'를 한 번 더 풀어서 덧붙인 모양새가 됐습니다. 호흡감도 주고 의미를 점진적으로 강조하는 구조가 만들어졌습니다.

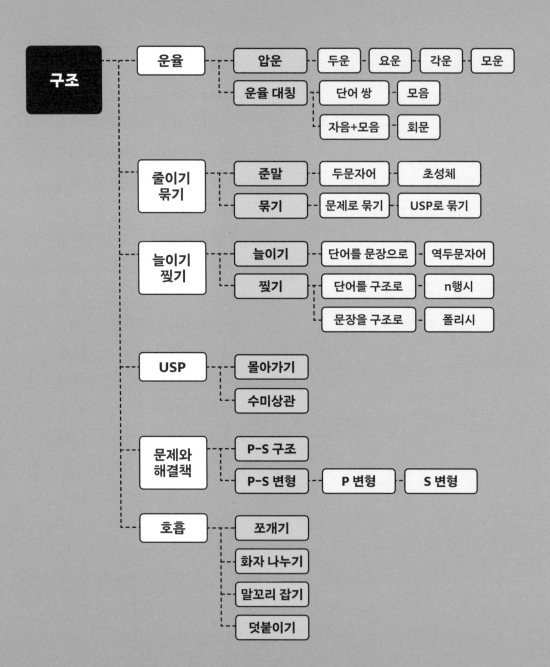

구조

- 운율
  - 압운
    - 두운
    - 요운
    - 각운
    - 모운
  - 운율 대칭
    - 단어 쌍
    - 모음
    - 자음+모음
    - 회문

- 줄이기 묶기
  - 준말
    - 두문자어
    - 초성체
  - 묶기
    - 문제로 묶기
    - USP로 묶기

- 늘이기 찢기
  - 늘이기
    - 단어를 문장으로
    - 역두문자어
  - 찢기
    - 단어를 구조로
    - n행시
    - 문장을 구조로
    - 폴리시

- USP
  - 몰아가기
  - 수미상관

- 문제와 해결책
  - P-S 구조
  - P-S 변형
    - P 변형
    - S 변형

- 호흡
  - 쪼개기
  - 화자 나누기
  - 말꼬리 잡기
  - 덧붙이기

좋은 카피라이터는 베끼고, 위대한 카피라이터는 훔친다

뉴턴이 말했습니다. "내가 더 멀리 보았다면 이는 거인들의 어깨 위에 올라서 있었기 때문이다." 우리나라에도 비슷한 뜻을 가진 '온고지신溫故知新'이라는 사자성어가 있습니다. '옛것을 익혀 그 배움으로 새로운 것을 안다'는 뜻입니다. 뉴턴이 온고지신이라는 사자성어를 알고 말하진 않았겠습니다만, '위대함은 혼자 태어나지 않는다'는 진리가 오래전부터 동서양을 꿰뚫어 왔다는 사실만은 분명한 것 같습니다.

처음에는 책의 부제목으로 피카소의 "good artists copy, great artists steal(좋은 아티스트는 베끼고, 위대한 아티스트는 훔친다)"이라는 명언을 오마주하여 "good copy copy, great copy steal"을 생각해 봤습니다. '좋은 카피라이터는 베끼고 위대한 카피라이터는 훔친다'는 메시지가 선배들의 카피를 훔쳐 위대해지고 싶다는 뜻으로 비춰질까 봐 전면에 내세우진 못했습니다만, 위대한 카피는 혼자 힘으로 탄생한 것이 아니라 수많은 이들의 발자취를 따라 만들어졌다는 것을 책의 마지막에서 다시 한번 말하고 싶었습니다.

프롤로그에서도 고백했듯 저는 카피를 잘 쓰는 카피라이터로 시작하지 않았습니다. 자격지심을 만들어준 선배들의 카피와 그럼에도 나아갈 용기를 준 그들의 따뜻한 말들이 이 책을 가능하게 했습니다. 시간의 속성은 수평적이고 저에겐 대단히 더 그래왔지만, '내리사랑'은 종종 시간의 수직성을 느낄 수 있게 해줬습니다. 다정함이 우리의 시간을 입체적으로 만들어준다는 걸 느꼈습니다. 그 다정한 풍경이 누군가에게도 이어지길 바라면서 책을 썼습니다.

광고는 심상을 만듭니다. 비주얼과 메시지를 재료 삼아 만듭니다. 카피라이터와 아트 디렉터가 반죽을 해오면 크리에이티브 디렉터가 구워냅니다. 이 책을 쓰는 일은, 카피라는 재료의 성분을 분석하는 일은 사람의 마음을 움직이는 심상의 비밀을 캐내는 일이었습니다. 저는 누구보다 가장 그 비밀을 알고 싶었고, 카피라이터로서 어떻게 사람의 마음을 움직여야 할지 늘 궁금했기 때문에 길고 고된 작업이지만 끝까지 버텨낼 수 있었습니다.

책을 쓰는 동안 궁금해하고 탐구하고 분해하는 삶을 살았습니다. 문장과 메시지, 사람과 저 스스로에 대해서 말입니다. 그래서 그런지 마지막까지도, 문장의 비밀이 궁금하셨던 당신께는 이 책이 어떤 도움이 되었을지 못내 궁금합니다.

index

카피 번호와 페이지를 확인해서 보고 싶은 카피를 바로 찾을 수 있습니다. 온 에어된 카피의 경우 브랜드명을 적었고, 그렇지 않은 경우 작성자만 표기했습니다. 이미 널리 퍼진 표현이거나 밈 등 출처를 찾기 어려운 경우 '출처 없음'으로 표기했습니다.

169 "매일 아침 매일 우유. 매일유업" 매일유업, p.187

170 "스누피가 들어선 순간부터 숲을 몰고 다니는 기분" 석윤형, p.187

171 "SUV는 넘볼 수 없던 세련된 분위기부터. SUV를 넘어선 강렬한 퍼포먼스까지" 석윤형, p.188

172 "그 나무 아래 오래 앉으면 어떤 길이 열릴 것 같다" 김정희, 『모국어』, 〈보리수 아래〉, 책만드는집, 2016, p.188

173 "이것은 마치 튀김의 극치 미각의 잔치 통닭의 이치" 가마치통닭, p.189

174 "더 열심히 파고들고 더 열심히 말을 걸고 더 열심히 귀 기울이고 더 열심히 사랑할 걸……" 정현종, 『사랑할 시간이 많지 않다』, 〈모든 순간이 꽃봉오리인 것을〉, 문학과지성사, 2018, p.189

175 "유식혜 후식혜 씩씩혜" 비락식혜, p.190

176 "깨끗하게 맑게 자신있게" 클린앤클리어, p.190

177 "스타일이 고민될 때, 그럴 땐 웰메이드" 웰메이드, p.190

178 "감기에 타고났네, 타코나에스" 타코나에스, p.191

179 "세대를 뒤집어 대세가 된 지코 딘 못지않게 시작해 이건 도시를 뒤집을 시도지" 올티, 〈요즘것들〉, p.192

180 "오염된 대기가 아닌 맑은 하늘이 기대되고 잘못된 관습이 올바른 습관이 되려면" LX한국국토정보공사, p.193

181 "따로 또 같이" 출처 없음, p.194

182 "두피가 우리의 필드다" 닥터포헤어, p.195

183 "깨끗함의 끝은, 끝이 없는 케어" 코웨이 정수기, p.195

COPY THIEF

소비자의 마음을 훔치는 100가지 카피 공략집

카피 도둑

초판 1쇄 인쇄 2024년 10월 15일
초판 1쇄 발행 2024년 10월 23일

지은이 석윤형
펴낸이 김선식

부사장 김은영
콘텐츠사업2본부장 박현미
책임편집 여소연 **디자인** 마가림 **책임마케터** 문서희
콘텐츠사업5팀장 김현아 **콘텐츠사업5팀** 마가림, 남궁은, 최현지, 여소연
마케팅본부장 권장규 **마케팅1팀** 박태준, 오서영, 문서희 **채널팀** 권오권, 지석배
미디어홍보본부장 정명찬 **브랜드관리팀** 오수미, 김은지, 이소영, 박장미, 박주현, 서가을
뉴미디어팀 김민정, 이지은, 홍수경, 변승주
지식교양팀 이수인, 염아라, 석찬미, 김혜원
편집관리팀 조세현, 김호주, 백설희 **저작권팀** 이슬, 윤제희
재무관리팀 하미선, 임혜정, 이슬기, 김주영, 오지수
인사총무팀 강미숙, 김혜진, 황종원
제작관리팀 이소현, 김소영, 김진경, 최완규, 이지우, 박예찬
물류관리팀 김형기, 김선민, 주정훈, 김선진, 한유현, 전태연, 양문현, 이민운

펴낸곳 다산북스 **출판등록** 2005년 12월 23일 제313-2005-00277호
주소 경기도 파주시 회동길 490 다산북스 파주사옥
전화 02-704-1724 **팩스** 02-703-2219 **이메일** dasanbooks@dasanbooks.com
홈페이지 www.dasan.group **블로그** blog.naver.com/dasan_books
용지 (주)신승아이엔씨 **인쇄** 민언프린텍 **코팅·후가공** 제이오엘앤피 **제본** 다온바인테

ISBN 979-11-306-5859-9(03320)

다산북스(DASANBOOKS)는 책에 관한 독자 여러분의 아이디어와 원고를 기쁜 마음으로 기다리고 있습니다.
출간을 원하는 분은 다산북스 홈페이지 '원고 투고' 항목에 출간 기획서와 원고 샘플 등을 보내주세요.
머뭇거리지 말고 문을 두드리세요.